NATIONAL GEOGRAPHIC

美国国家地理全球史

拜占庭的
辉煌

The Splendour of Byzantium

美国国家地理学会　编著　程水英　译

中国出版集团 现代出版社

目　录

插图（第2页）　镶嵌宝石的大天使米迦勒圣像，来自11世纪上半叶（圣马克教堂，威尼斯）。

插图（第4—5页）　圣马克的马，君士坦丁堡竞技场的群雕，被十字军掠走（圣马克博物馆，威尼斯）。

插图（左侧）　全能者基督（Christ Pantocrator）马赛克（乔拉的圣救世主教堂，伊斯坦布尔）。

概　述

公元 324 年 11 月 8 日，君士坦丁一世大帝（Constantin Ier le Grand）将古希腊城市拜占庭立为新帝国的首都,并更名为君士坦丁堡。330 年 5 月 11 日,随着这座"新罗马"都城的正式建成，辉煌的千年历史拉开帷幕，希腊和罗马遗产融合成一个全新的帝国。这个名为"拜占庭"的帝国促进了中世纪和文艺复兴时期古代知识向欧洲的传播。

除了希腊、罗马遗产外，基督教是拜占庭帝国建立的另一个支柱。帝国的创始人君士坦丁一世信奉基督教，并采用基督教作为国教。在古老传统的延续过程中，权力与宗教之间的密切联系决定了新主神庇护之下帝国的发展。

西方对拜占庭世界有一种根深蒂固的偏见，将其与堕落、粗俗或奢华联系在一起……我们必须超越这种偏见，去思考这个延续千年，融合了希腊语言和罗马精神的帝国呈现出的辉煌和力量。拜占庭帝国一度成功地重新征服西欧，与波斯人、斯拉夫人和奥斯曼人对抗，与斯堪的纳维亚半岛和中国发展商业关系，帝国非凡的科学和艺术进步，延续了希腊-拉丁文化，从而促进了文艺复兴在欧洲的发展。

1453 年 5 月 29 日的晚上，土耳其人攻破了号称坚不可摧的君士坦丁堡城墙，该城从此被称为伊斯坦布尔。奥斯曼帝国的征服导致拜占庭帝国的最终崩溃。历史学家认为，拜占庭帝国以 5 世纪时古罗马的衰落为其开端的标志，并以 15 世纪时"新罗马"的崩塌为其灭亡的标志。正是这两件事划定拜占庭的千年，其遗迹至今仍然存在。

插图（第8—9页）　圣索菲亚大教堂（伊斯坦布尔）的内部，最初是大教堂，然后是清真寺，现在是博物馆。

插图（左侧）　佩里卜勒普托斯（Peribleptos）修道院的景色，位于摩里亚（Morée）专制公国的都城米斯特拉，是在十字军征服君士坦丁堡后建的。

君士坦丁堡和罗马 献给俄狄浦斯和斯芬克斯的浮雕，作品出自底比斯，斯芬克斯会杀死所有答不出谜题的人。

插图（右侧） 4世纪的拉伯兰旗 [1]（labarum）（罗马尼亚国家历史博物馆，布加勒斯特）。

[1] 罗马帝国后期的军旗。罗马天主教的教谊，君士坦丁一世的皇谊。——译者注

东方的新罗马

君士坦丁大帝在古代拜占庭遗址上建立了君士坦丁堡，彻底改革宗教政策，容纳基督教，由此开启拜占庭的千年文明。整个4世纪，君士坦丁和狄奥多西（Théodose）王朝的统治为后来成为罗马帝国继承者的拜占庭帝国奠定了基础，新帝国的首都将是"新罗马"。

君士坦丁堡，东方的伟大首都，诞生于博斯普鲁斯（Bosphore）海峡的战略要地，横跨亚欧大陆，控制着来往黑海的通道。很久以前，这个地方就已经有人居住。相传，公元前667年，英雄拜占斯——海神波塞冬的儿子——建立此城，后成为希腊古城墨伽拉的殖民地。拜占斯当时听从了德尔斐神庙 [2] 的神谕，要求他面向"盲人之地"建造一座城。由于阿波罗的神谕总是含混不清，英雄感到迷惑，

---

[2] 德尔斐是一处重要的"泛希腊圣地"，即所有古希腊城邦共同的圣地。这里主要供奉着阿波罗神，著名的德尔斐神谕就在这里颁布。——译者注

不能完全理解其中的含义。然而，当拜占斯乘船经过博斯普鲁斯海峡、看到加尔西顿城时，他明白了什么是"盲人之地"。加尔西顿人在海峡的东侧建立了城市，却没认识到西边欧洲一侧的位置更好。建在这边的港口确实也几乎是无敌的，它将主导古代世界最重要的海上通道之一。拜占斯表现出比加尔西顿人更高的智慧。

他在这片海岸上建立了拜占庭：这座城市从其神话起源开始逐渐衰落，在君士坦丁一世的统治下得以重生。新的君士坦丁王朝成立于拜占庭帝国历史上的一个关键时刻，当时基督教与异教之间的斗争激烈，而罗马的最高统治阶层越来越支持一神论的宗教。君士坦丁一世是罗马皇帝君士坦提乌斯·克洛卢斯（Constance Chlore）和基督教徒海伦（Hélène）的儿子，后来被封为圣徒，于 306 年被推上政治舞台。在他父亲去世后，他的军团宣布他为新皇帝。他被迫对抗前皇帝马克西米安（Maximien）的儿子马克森提乌斯（Maxence），后者也在罗马称帝。双方在 312 年的米尔维乌斯战役中交战。

传说在这场关键战役的前一天，君士坦丁看到了一个基督教的十字架标志，并听到一个声音对他说："有了这个标志，你将获胜。"他确实获胜了。然而，当时两位评论家的说法存在分歧：修辞学家拉克坦提乌斯（Lactance）说这是个幻觉，而凯撒利亚的尤西比乌斯（Eusèbe de Césarée）主教认为，这要么是正午时分看到的征兆，要么就是战斗前基督的召唤。无论如何，这一事件是拜占庭帝国与基督教密切关系的起源。这将解释君士坦丁堡的基督教皇帝为何采用教旗作为军旗，十字架最终取代罗马鹰。

君士坦丁与基督教

在取得压倒性胜利的一年后，君士坦丁颁布了著名的米兰敕令（édit de Milan），赋予公民宗教自由，比他的前任加莱里乌斯给予的自由更多。该敕令保证基督教与其他宗教享有同样的权利，并承认它与本国兼容。早期迫害基督徒期间被没收的财产、房屋和书籍得以归还。基督教会的法律人格得到承认，其教士享有与异教教士相同的特权和免税待遇。我们甚至可以说米兰敕令的颁布赋予基督教某种优惠待遇，特别是承认了教会法庭，但其裁决必须得到民法的确认。

从那时起，罗马、耶路撒冷、君士坦丁堡和亚历山大城的教堂数量激增，这些城市从此成为基督教的重要活动中心，证明了基督教派的优势，并在国家的保护下逐渐发展，最终成为帝国的官方宗教。然而，不应忘记这些城市的主要人口仍然是异教徒，尽管此后异教的禁令盛行，但争取宗教霸权的斗争仍持续了几个世纪。

在古代文献（见历史学家尤西比乌斯和佐西姆斯的著作）和现代分析中都对君士坦丁皇帝"皈依"的诚意存有疑问，其中一些人认为这是从新兴宗教中获得政治优势的精明策略。君士坦丁肯定表现出一种经过深思熟虑的模棱两可，因为不仅帝国的人口仍然以异教徒为主，而且帝国的象征——以及国家的权威——也继续深深根植于以希腊-拉丁语为特征的异教传统世界。

君士坦丁可能是按照罗马皇帝的旧习俗，简单地采用了一个新神，就像以前其他统治者选择狄俄尼索斯或赫拉克勒斯一样。但有一个显著的区别：基督不是一个异教的神，皇帝声称自己与神相似，将自己置于神的保护之下；基督是一种宗教的代表，这种宗教将彻底改变古代世界的社会和政治观念。尽管如此，君士坦丁的洗礼——假设这是事实且作为其真诚皈依的标志，却不是发生在战斗之前，也没有发生在米兰敕令之后，而是在皇帝临终前。

帝国的重建

君士坦丁对基督教的支持预示着他的统治永久。历史还记得这位皇帝的另一项伟大成就：君士坦丁堡的建立和帝国的政治首都东移。新首都于 330 年 5 月 11 日（拜占庭时代一直庆祝这一日期）正式落成，新基督教和女神堤喀 [3]（财富的化身）都带来了好预兆，两者都出现在新城的硬币上。君士坦丁堡是矛盾的：它既是东方基督教的首都，又是嫉妒第一罗马至高无上地位的新罗马，也是传统古典知识的庇护所。这种矛盾标志着君士坦丁堡的历史和文化未来，后来在查士丁尼大帝的圣索菲亚大教堂的影响下发展，但也参考了罗马模式。也许这种混合最有力的象征是君士坦丁柱，它结合了异教和基督教的遗物。

君士坦丁在建立首都时可能想到了帝国东部的其他城市，例如靠近他出生地

---

[3] Tyche，希腊宗教中的命运女神，她往往随意把好运和厄运分配给人。——译者注

帝国王权的新来源

据说，在与马克森提乌斯对峙之前，君士坦丁将自己置于基督的保护之下。从那时起，皇权越来越受到日益强大的新信仰的影响。公元 380 年，狄奥多西皇帝颁布了《萨洛尼卡敕令》（*édit de Thessalonique*），基督教成为罗马帝国唯一合法的宗教。

新首都君士坦丁堡不仅在城市规划上具有创新性，更重要的是在其概念上。这座城市远离异教传统，奉献给天主之母圣母玛利亚，并受到君士坦丁皇帝的保护。奢华的教堂建筑，尤其查士丁尼大帝建造的圣索菲亚大教堂，将象征着宗教对"新罗马"帝国权力的支持。希腊罗马传统与基督教创新相融合，从而超越了古典异教。

插图　君士坦丁堡圣索菲亚教堂南门的马赛克，制作于10世纪。右边的君士坦丁将这座城市献给圣母和圣子，左边的查士丁尼则献出大教堂。

的奈苏斯（现为尼什）或他成长时生活过的尼科米底亚（Nicomédie）。他最终选择了拜占庭，因为这里具有显著的战略地位。他当然也意识到要象征性地接近特洛伊，特洛伊是《维吉尔史诗》中罗马的创始人埃涅阿斯离开的城市，根据历史的循环，罗马人民应该回到特洛伊，才能有一个光明的新未来。几个世纪以来，基督教和古典传统在新罗马融合，形成了以希腊、基督教和罗马元素为基础的三联体。君士坦丁应该被誉为东罗马帝国权力和辉煌的奠基人。

他的政治改革延续了前任戴克里先的改革，使

帝国的两个部分之间产生了明显的分歧，东罗马帝国采用了希腊化和东方模式。这个时期被称为支配时期。这些带有强烈东方主义色彩的改革，使得新都可以在东境设立，肯定了皇帝的绝对权力，军民两权分立，行政管理更加复杂。

　　君士坦丁建立的国家官僚组织因《罗马百官志》（*Notitia dignitatum*）（约 430 年）而闻名，这是一份最高文职和军队官员的名单，还规定了各自的职责和俸禄。此次改革产生的文武两权分立涉及行政区划、增加行省、设立教区等方面。帝国最高行政长官，即总督府的总督，专门负责民事和行政事务，

命运女神

　　堤喀（Tyche）出现在最初的拜占庭硬币上，背面是君士坦丁大帝（斯福尔扎古堡博物馆，米兰）。

领主、劳动者、税收和税收制度

　　戴克里先的税制改革（287 年实施）建立了一种财产税，称为年收成税（annone），以及称为 capatio-jugatio 的严格税收制度，即把对土地收入（jugum）征的土地税（jugatio），以及对自然人（caput）征的人头税（capatio）结合起来，以振兴财政体系。但事实上，所有这些措施最终都变成了一种将劳动者束缚在土地上，甚至奴役他们的方式。

　　历史学家说，君士坦丁还制定了其他税收措施，对商人、放债人、工匠和因劳动获利的人征税。最后一项税称为商业税（collatio lustralis），在两个罗马帝国每五年征收一次。在拜占庭，它被称为金银税（chrysargyre），来自希腊语 chrysos（金）和 argyros（银），因为这些金属构成了税收的支付手段。每个城市都征收各种税，然后上交到国家。古代晚期的重税使人口严重短缺。根据历史学家佐西姆斯的说法，君士坦丁"有一份所有够条件的人的财产清单，以便向他们征税……这些税收使大多数城市人口减少，因为在随后的皇帝统治期间，主要家庭因这些税而筋疲力尽，以致被迫放弃家园"。阿纳斯塔修斯一世最终废除了金银税，作为其财政和货币改革的一部分，该改革振兴了拜占庭经济，使查士丁尼得以推行扩张政策。

　　插图　来自11世纪拜占庭的小彩画手稿。

　　管辖高卢、意大利、伊利里亚和东部各行省。每个行政区又分为几个教区。帝国总共有十二个教区，由一位教皇领导，各自划分给行省，由省督或总督负责。然而，戴克里先和君士坦丁的行政改革并不适用于君士坦丁堡或罗马。它们由直接隶属皇帝的行政官管理。

　　就军队而言，它与行政领域分离并分成特遣队，以提高其在各个地区的机动性。边境地区允许招募一定数量的罗马化野蛮人，这使得日耳曼人逐渐进入军队。军队的最高长官是统帅（magistri militum），接下来的

❶ 土地所有者（领主） 领主是地方精英的主体。因此，他们承担了很大一部分税收负担。这种负担促使他们多次与国家对抗。后者也想限制拜占庭贵族的势力，巩固自己作为帝国主要拥有者的地位。因此，帝国官员仔细盘点了领主的财产。领主们想出了一招来免税：他们经常通过帮助保卫帝国来寻求免税。

❷ 行政官和商人 领主也可以对居住在自己庄园里的人征税，尽管这通常是国家行政官的任务。至于商人，君士坦丁对他们所有人，即使是最普通的商人，都要求缴纳金银税。过度征税和国家不断寻求增加资源的事实最终使拜占庭的城市陷入贫困。

❸ 劳动者 劳动者也承受着古代晚期税制改革的负担，其中包括强制居住和耕种土地的义务。此外，许多劳动者虽然是自由农民（coloni），却被迫耕种他们首领的土地，几乎就像是附着在土地上的农奴，没有离开土地的希望。因此，大多数耕种者永远与他们劳作的土地连在一起。

军官有些属于步兵（magistri pedum），另一些属于骑兵（magistri equitum）。朝廷的军事代表和负责边境地区的将军的职能也受到高度重视，他们是未来拜占庭主要军事职能的前身。帝国卫队听命于宰相（Magister offciorum），事实上宰相在朝廷中拥有很大的权力，因为宰相还负责许多行政事务。

除上述措施外，还必须改革税收和征税的行政管理，从君士坦丁之子君士坦提乌斯二世开始设立了一种被称为税监（sacrae largitiones）的帝国国库官员。控制帝国财政的高级官员是负责国家预算的帝国财政官（comes sacrarum largitionum），而宫廷财务官（comes rerum privatarum）管理皇帝的个人财产。君士坦提乌斯二世是这个庞大而复杂的官僚体系的顶端，拥有恺撒和奥古斯都这两个头衔。由戴克里先四帝共治时期（并不是那么完美的组织形式，拥有这两个头衔的在东方和西方各有两人）建立。

皇帝是军队的最高统帅，最高的司法权威，是整个制度的订立者。他甚至保留了大教皇领导信徒的宗教特权，直到狄奥多西统治时期。因此，帝国经历了一个特别强烈的官僚化过程，包括在朝廷。

这个经过改革的古代晚期帝国围绕着一位神圣的皇帝，他按照复杂的礼仪生活，位于巨大的官僚、行政和军事金字塔的顶端。这种结构有其优势和不足。事实上，重组只是部分有效，因为官员可能过于官僚化，而军事单位如果不遵守纪律，其增加可能会破坏国家的稳定。古代晚期社会贫富差距扩大，社会和地域流动性下降。一些贵族（honestiores，上等人）变得富有，而被迫在极其恶劣的条件下，在一块强加的土地上耕种的贫困人口（humiliores，下等人）呈指数级增长。

帝都

君士坦丁堡很快承认了意大利法，这使它成为意大利的领土，并在省督的统治下获得了自治。然后它开始超过它的母国。按照古罗马的模式，这座城市将成为帝国人口最多的领地，特别是在狄奥多西统治之后，它最终被命名为东方的帝国首都。新罗马模仿旧罗马的政治制度，其元老院拥有与罗马元老院几乎相同的特权。帝国权力向东方的转移是基于对新都所在特权领地的战略选择。在古代晚期，以及在希腊中世纪，这个位置被认为是海洋、陆地和通道的完美交汇点。

早在公元前 2 世纪，希腊历史学家波利比乌斯在提到罗马的崛起时就指出，将首都设在博斯普鲁斯海峡在战略上是明智的，可以更好地控制一个世界性的帝国。罗马东部密集的公路网，位于本都、亚洲和西部之间，穿过这座城市，形成一个重要的交通和贸易中心。尤其是著名的埃格纳蒂亚大道（Via Egnatia），它是希腊东部的一条动脉，建于公元前 130 年，从迪拉基乌姆（现在的杜拉斯）经萨洛尼卡前往君士坦丁堡。

直到 5 世纪，这座城市才被正式称为"新（或第二）罗马"，尽管君士坦丁堡教会历史学家苏格拉底在 381 年就断言是君士坦丁给它起了这个名字。皇帝因此证明了他卓越的远见和远大的抱负，在历史和地缘政治的特征上与创建亚历山大的亚历山大大帝相媲美。这两个城市都受到普遍君主制理想的启发，梦想主宰整个世界。君士坦丁堡的大师们分享了这个古老的古典、希腊化和罗马式的理想。他们已经明白，为了实现这一理想，宗教团结和精神和谐的重要性。这与"恺撒主义"齐头并进，将导致拜占庭帝国政教合一。这种共生关系也将是帝国显著的特征之一。这将标志着它在君士坦丁统治下的开始，也将是它最终在奥斯曼帝国的攻击下灭亡的决定性因素。当时，许多东方基督徒不得不将自己的宗教身份置于教会联盟之上，以寻求西方拉丁世界的帮助。

帝国与教会

宗教问题逐渐叠加在帝国政策之上，并最终决定了帝国政策。教会的权力和社会影响力在三四世纪不断增长。这一时期的标志是圣洁和修道主义的吸引力的上升，圣人的社会声望的上升。基督教所承载的典范，与政治、艺术或军事领域特有的典范一起，在民众中引起了相当大的反响：除了在这个"泪谷"中的苦难之外，贫困群众更期待上帝所应许的天国。对于上层阶级来说，基督教日益增长的影响力使得皈依对于社会和财务上的成功至关重要。第 3 世纪，尤其是第 4 世纪，盛行逃离世界的精神运动，通过修道主义和个人宗教信仰与神有特权接触。在这一时期，禁欲主义和贫困的理想导致晚期古代灵性的关键人物的出现，例如圣安东尼、亚历山大的亚他那修、帕乔米乌斯，甚至大主教谢努特。他们参与了一种将自己与社会隔离的运动，过着隐士的生活，在沙漠中建立社区，以及被视为神圣城市的修道院。这场运动围绕着富有魅力的领袖和人群展开，用亚他那修的话来说，他们将"沙漠变成了城市"。

世界：苦行者、隐士和沙漠之父

在这个危机时期，包括彼得·布朗或埃里克·罗伯逊·多德在内的许多史学家，都强调了宗教及其禁欲主义和神秘主义方面的吸引力。灵性被重新塑造，社会选择效仿逃离世界的圣徒，这是柏拉图主义和基督教的古老理想。

在4世纪，由于埃及的基督徒宣扬，修道院的灵性得到了发展。隐士保罗和圣安东尼成为亚历山大的亚他那修所评论的运动先驱，该运动主张与世界疏远，撤退到沙漠中，全身心地祈祷和冥想。帕科姆创立了第二个运动，修道士生活（来自 koinos bio，意为"共同生活"），宣扬与社会隔绝的修道士群体同居。其他宗教，如圣阿蒙，在尼特里亚沙漠和其他地方建立了较小的群体。在叙利亚–巴勒斯坦东部，东方灵性的其他表现形式发展起来：由住在柱顶的圣西蒙发起的冥想主义；完全以草药为基础的饮食，或树枝上的生命……关于这些圣徒的文献层出不穷。

插图 公元6世纪和7世纪之间的银盘，献给柱头隐士（Stylite）圣西蒙，来自叙利亚的马拉特努曼（Maarat al-Numan）教堂（卢浮宫博物馆，巴黎）。

然而，君士坦丁保留了大教皇的古老特权，这使他面临复杂的新问题：基督教内部出现的异端邪说。从第4世纪开始，教会成为神学讨论的中心，有利于反思基督教上帝的本质——上帝创造了人还是人创造了上帝？从这些辩论中产生了一些偏离东正教的观点，在皇帝召集的几次会议上争论过。这些争议渗透到后来帝国的社会对话包括日常对话中，在拜占庭时代，东方帝国以其神学辩论而闻名，有许多人参加。

君士坦丁王朝的主要异端可能是阿里乌教义，这是一种诞生于叙利亚并以亚历山大的阿里乌斯命名的教义，它坚持耶稣基督作为上帝的儿子是被创造而不是被生出来的观点。

战略位置

君士坦丁堡，即现在的伊斯坦布尔，从那时起就占据了主导地位，它的基础是博斯普鲁斯海峡，连接马尔马拉河和黑海、亚洲和欧洲。第一座大教堂矗立在帝国主要建筑集中的大广场上，献给圣索菲亚，君士坦斯二世于360年将其圣化。后来的皇帝对它有过多次修建。大教堂在15世纪被改造成清真寺，后来在1935年被改造成博物馆。

很快，阿里乌教派得到了教会显要成员的支持，并将争议提交给了皇帝。君士坦丁听取了双方的意见，为了解决这个问题，他于325年在尼西亚召开了第一次大公会议，并亲自主持了会议。阿里乌主义最终受到谴责，"尼西亚信条"得到采用，这是一种信仰告白，承认基督是"上帝的儿子，不是被创造的，与父具有相同性质"。然而，异教徒与尼西亚人之间的争端并没有结束。

君士坦丁的继任者

当君士坦丁于337年去世时，未来东罗马帝国的面貌开始出现，他的继任者们开创了一个王朝。他的三个儿子君士坦丁（Constantin）、君士坦提乌斯（Constance）和君士坦斯（Constant）共享帝国的尊荣，但他们互相争夺霸权，直到胜利。君士坦斯以君士坦斯二世的头衔在位至361年。在导致三兄弟产生分歧的原因中，他们在宗教问题上的分歧是重要的一个，因为君士坦丁和君士坦斯采用了尼西亚信条，而君士坦提乌斯则支持阿里乌教。最终，君士坦提乌斯用阴谋消灭了他的两个兄弟，独据王位。在他的统治期间，迫害异教徒，禁止献祭并给予阿里乌教徒恩惠。在外交政策方面，他统治的焦点在于跟沙普尔二世领导的萨珊波斯人斗争。

君士坦提乌斯没有留下后代。在将他的堂兄加卢斯封为恺撒后，他又把加卢斯除掉了，因为他怀疑后者密谋夺取王位。因此，他死后唯一的继承人是加卢斯的弟弟朱利安，朱利安在361年成为皇帝，并被称为叛教者。

朱利安留下的大量信件能让我们了解他的个性。朱利安受过洗礼并研读过《圣经》，但他爱上了希腊文学，反对荷马的世界和古代异教，反对帝国的新异教。他受到异教大师的启发，比如杰出的演说家利巴尼奥斯（他也是东方教会四大教父之一约翰·克里索斯托姆的师父），以及新柏拉图主义哲学家以弗所的马克西姆。

朱利安被流放，但一系列的机会和不幸的事件改变了他的命运，比如由于他兄长的死，他被君士坦提乌斯封为恺撒。朱利安随后在与阿勒曼尼人的战争中证明了自己，他设法在莱茵河对岸控制了阿勒曼尼人。他的士兵称他为高卢皇帝。不可避免地，他随后与在东方抵抗波斯威胁的君士坦提乌斯发生冲突。但君士坦提乌斯突然去世，朱利安独自统治着帝国。因此，他竭尽全力恢复异教过去的伟大，并致力于传播古典文学和哲学，用修辞法教导基督徒（362年）。朱利安本人撰写了重要的哲学和修辞著作。奇怪的是，他试图重建的异教神职和占卜系统是基于一个与他试图消除的基督教非常相似的结构。

363年夏天，朱利安在与波斯人的战役中受伤，没有看到自己的著作就去世了。他试图回归古典异教，这使他这个人物几乎具有传奇色彩。据说，他死于战场上的伤口感染，或者根据其他说法，他的伤口是由基督教士兵的箭或神圣的惩罚造成的，皇帝惊呼："你胜利了，加利利人"，这样称呼基督，从此以后，基督将成为罗马帝国唯一的神。

朱利安的短暂统治是君士坦丁王朝的最后一任统治。他的继任者是尼西亚基督徒朱维安（Jovien）（363—364年），原来是朱利安帝国卫队的首领。在朱利安去世后，帝国卫队宣布朱维安为皇帝。按照习俗，以推选的方式被选中成为皇帝。在朱维安突然去世后，君士坦斯麾下一名将军的两个儿子继承了皇位：尼西亚派瓦伦提尼安（Valentinien）（364—375年）统治帝国西部，其弟阿里乌派瓦伦斯（Valens）（364—378年）统治帝国的东部。宗教偏好第一次在政治上表现出来并将帝国分为了两半。两位皇帝对异教表现出不同的态度：瓦伦提尼安更宽容，而瓦伦斯则迫害异教徒。两兄弟的共同之处表现在他们对哥特人对帝国东北部构成的威胁。当时的哥特人已经在东罗马首都君士坦丁堡附近定居下来，但一系列错误决策导致瓦伦斯在与哥特人的亚得里亚堡战役（378年）中丧生。亚得里亚堡的失败给同时代人留下了非常深刻的印象。这一事件标志着古代晚期和拜占庭早期的一个转折点：哥特人的入侵第一次导致了罗马皇帝的死亡。自此，日耳曼民族成为东罗马帝国历史上避无可避的因素，并在后来的西罗马帝国灭亡中发挥了重要作用。

顽强的敌人：萨珊波斯人

萨珊帝国从 3 世纪中叶一直存在到 7 世纪中叶穆斯林阿拉伯人入侵为止，是东罗马帝国必须面对的强大的敌人之一。

萨珊王朝的辉煌时期是在沙普尔二世（309—379年）等君主的统治下，他们在4世纪中叶击败了罗马军队并占领了帝国的几个省份。萨珊王朝无疑成为帝国东部边界的主要威胁。通过发动战争或和平谈判，正如伊嗣俟一世（Yazdgard I er）（399—421年）所做的那样，萨珊王朝知道如何与罗马人平等交谈。库斯鲁一世是查士丁尼的劲敌。他与后者签署了"永久和平"，但为了保住自己的权力，他不断发出军事威胁。其他几位君主，如霍尔米兹四世或库斯鲁二世，设法保持了萨珊帝国的威望，直到伊嗣俟三世（634—651），经过长期战争失败后王朝落入穆斯林哈里发手中。

插图 位于塔克依-博斯坦的萨珊浮雕，展现了阿达希尔二世的加冕礼。在君主的脚下是朱利安皇帝。

叛教者朱利安

弗拉维乌斯·克劳迪斯·朱利安（Flavius Claudius Julien）皇帝身穿哲学家的长袍，头戴可能与异教有关的王冠。人们认为这尊雕像可能是皇帝在世时所刻（卢浮宫，巴黎）。

东正教徒狄奥多西

在西罗马，格拉提安（375—383 年）继承了父亲瓦伦提尼安的王位。当瓦伦斯在亚得里亚堡去世时，他封了狄奥多西为奥古斯都。狄奥多西出生于西班牙，后来被称为"大帝"（379—395 年），是 4 世纪的第二个伟大人物。他建立了一个重要的朝代，最终确立了基督教为国教，并领导了反对异教的最后一场战斗。他恢复了统一，不仅是政治上的——他是最后一个统治帝国两个部分的人——还恢复了宗教上的统一，通过捍卫尼西亚东正教教义反对阿里乌教。然而，在他的统治下，帝国未来分裂的基础已经奠定。

　　西罗马瓦伦提尼安的尼西亚派和东罗马瓦伦斯的阿里乌教派之间的宗教分歧使人质疑教会的统一性，以及帝国权力作为宗教权威的调解作用。狄奥多西为统一而努力，但自相矛盾的是，他是第一个放弃最高教皇头衔的皇帝，他的前任曾使用该头衔授予自己解决宗教争端的特权。事实上，狄奥多西在宗教问题上有立法权，但总是依赖教会的建议。通过罗马人民共同体法令，他设定了界限：用尼西亚信条定义国家的正确信仰（东正教），反对异教和异端，如阿里乌主义。因此，异教被官方禁止，追随者受到重罚。由此狄奥多西在法律上确立了尼西亚天主教的首要地位。381 年，在他的要求下，君士坦丁堡召开了一次会

走向东正教

在尼西亚大公会议期间，君士坦丁皇帝下令焚烧阿里乌异端教派的书籍。这一页大公会议典章来自9世纪的手稿（教区图书馆，韦尔切利）。

议，以确认教会在东正教"真正信仰"、尼西亚的象征和三位一体教义等方面的统一。此外，该会议还授予君士坦丁堡牧首特权地位——仅次于罗马教皇。该条款将成为未来东西方教会之间斗争的根源。

与他的前任君士坦丁和君士坦提乌斯二世不同（他们在去世前不久才受洗），狄奥多西在加冕后不久的380年生了一场大病后，便接受了洗礼。他的这一姿态，促使皇帝完全融入了信徒群体，而他作为宗教领袖的特权地位也在衰落。

狄奥多西也因与威信很高的米兰主教和尼西亚东正教教派的狂热捍卫者安布罗斯的争执而闻名。390年，在萨洛尼卡竞技场附近，一群尼西亚人用私刑处死了统治这座城市的帝国指挥官，他是哥特人（也是阿里乌教派信徒）。狄奥多西下令惩罚肇事者，但驻军反应过度，不分青红皂白地屠杀了镇上的居民。以安布罗斯为首的尼西亚主教谴责了大屠杀和皇帝的行为。主教甚至将皇帝逐出教会。在米兰大教堂的弥撒中，狄奥多西和安布罗斯进行了激烈的讨论，之后狄奥多西缓和了他的立场。强大的皇帝最终向主教让步，以结束两派之间日益频繁的冲突。安布罗斯明确界定了教会在国家面前的地位，并最终剥夺了皇帝在神学问题上的所有决策权。狄奥多西对异教采取了严厉的措施，在 392 年颁布了一项法律，禁止在圣殿从事祭祀和崇拜。

有了这些法律的保护，极其狂热的基督徒团体在东罗马，尤其是在埃及，摧毁了神庙和异教神的雕像。此外，在亚历山大城，在牧首狄奥斐卢斯的推动下，情绪激昂的暴徒洗劫了图书馆和礼拜场所，包括著名的塞拉佩姆神庙。随后，在 415 年对异教徒的第二次大屠杀中，狄奥斐卢斯的侄子西里尔牧首鼓动暗杀哲学家和数学家海帕蒂亚……在帝国的其他地区，从巴勒斯坦到罗马，异教徒的寺庙和古迹都被关闭了，罗马元老院象征性的胜利祭坛也被关闭，尽管伟大的演说家西马库斯要求保存它。即便如此，异教也不会完全消失，在某些情况下，东罗马的一些省份，例如埃及或叙利亚，异教徒一直存在直到 6 世纪。

东罗马帝国

狄奥多西是统一帝国的最后一位统治者，他的选择最终决定了罗马国家的未来，赋予基督教强有力的地位。他将帝国分给了阿卡狄乌斯和霍诺留斯：阿卡狄乌斯统治东方，霍诺留斯统治西方，统治的时间都很短。476 年，西罗马帝国因"野蛮"民族的入侵而灭亡，末代皇帝罗姆鲁斯·奥古斯都在罗马被废黜，同时日耳曼王国在欧洲建立。

从此，东罗马发展成为一个独立的帝国，它延续着罗马帝国。

阿卡狄乌斯（395—408 年）的统治时期在东方出现了一些标志性人物，这些人物既不是贵族成员，也不是皇室官员，有的还是外国血统，但往往影响着政治决策，他们被称为"宠臣"。其中，有高卢血统的执政官鲁芬，还有太监欧特罗普。有的人来自西方，比如著名的斯提利康，他的父亲是汪达尔人，母亲是罗马人。这些享有特权的大臣中有许多是哥特人的后裔。这些日耳曼民族自瓦伦斯时代起定居于帝国边境，狄奥多西时代时定居于罗马领土，逐渐进入巴尔干领土，并渗透到帝国之中。一些日耳曼人渗入帝国军队和官僚机构中，另一些人则对帝国边界施加压力，不断在边界定居甚至使用武力占领帝国。

当时，关于"锉刀"（设防边界）的争端常常以叛逆的哥特人和忠于帝国的人之间的冲突而告终。但这两类人都缺乏雄心壮志。此外，宗教问题继续影响着罗马-日耳曼的关系，因为哥特人主要是阿里乌教徒。在阿卡狄乌斯统治期间，阿拉里克的哥特人入侵东方并到达希腊，然后到达意大利。他们在那里对抗为东罗马效劳的斯提利康。在盖纳斯将军指挥下，哥特人他们对君士坦丁堡的政治影响力达到了顶峰。盖纳斯密谋反对皇帝的宠臣欧特罗普，并处决了欧特罗普，随后在东罗马获得阿里乌派哥特人的特权，尽管牧首约翰·克利索斯托姆公开反对。最终，君士坦丁堡爆发了一场反对哥特人的起义，阿卡狄乌斯派了另一个哥特人来对付盖纳斯，最终消灭了盖纳斯。

阿卡狄乌斯于408年去世时，由他年仅7岁的儿子狄奥多西二世（408—450年）即位。在狄奥多西二世的统治下，东罗马经历了一个小小的黄金时代，而西罗马则加速颓败。狄奥多西二世知道如何聚拢贤臣，信赖于精明的妹妹普尔切丽，还有妻子尤多西娅，一个有教养的女人。文化层面上，在狄奥多西二世漫长的统治期间，君士坦丁堡成立了一所高等学校，与雅典的新柏拉图主义学院相比，它将成为基督教文化的中心。雅典的新柏拉图主义学院虽然有一些开明的成员，如异教哲学家普罗克洛斯，但已经衰落。此外，狄奥多西二世颁布了一部法典汇编《狄奥多西法典》（438年），它在传统法律典籍的基础上汇集了历代基督教皇帝的法律。

在狄奥多西二世统治下，东罗马帝国生活在相对平静的环境中，即使有匈奴入侵阿提拉，也通过割让和进贡平息下去。与东罗马帝国的平静相对，却是西罗马帝国的衰落。410年阿拉里克的洗劫，摧毁了西罗马地区，那里的政治组织逐渐分裂成新的、几乎独立的领土实体，由不同的日耳曼民族统治。哥特人对西罗马的掠夺

狄奥多西王朝，第一个拜占庭皇室

西班牙裔的狄奥多西是统治整个联合帝国的最后一位皇帝。他建立的王朝决定了古代晚期的政治演变，并导向帝国未来的分裂。

狄奥多西一世大帝的家族包括几位皇帝。他的儿子霍诺留斯（Honorius）和阿卡狄乌斯（Arcadius）分别继承了帝国的西部和东部。随后，阿卡狄乌斯的几个后裔成为新生拜占庭帝国的皇帝，如他的儿子狄奥多西二世，一个异教的死敌，还有他的女婿马西恩（Marcien），在危机时刻以铁腕统治东方。

插图 德西德里奥（Desiderio）的十字架局部，是8世纪到9世纪的作品（圣朱利亚博物馆，布雷西亚），呈现的是加拉·普拉西迪亚（Galla Placidia）和她的两个孩子瓦伦提尼安三世和霍诺里亚（Honoria）。

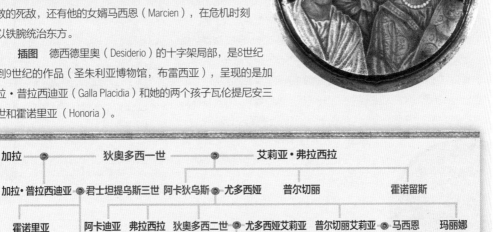

给圣杰罗姆留下了深刻的印象，这表明西罗马帝国正在崩溃。这些骇人的事件也吓坏了东罗马统治者，他们决定建造坚固的君士坦丁堡城墙。

宗教争议

狄奥多西二世效法他的前任狄奥多西大帝，迫害异教徒，并努力解决教会内部出现的争端。为此，他认为自己不得不召集第三次大公会议，以对抗新的异端——聂斯托利派（nestorianisme）。基督神性的哲学问题继续成为神学家的难题。从

帝国的分裂与东罗马阿卡狄乌斯的局面

狄奥多西一世的儿子阿卡狄乌斯是第一位统治东罗马的皇帝，当时罗马帝国被划分为东西两部分。在他的统治时期，这种分裂并不被认为是不可逆转的。然而，随后发生的事件使任何统一的可能化为乌有。

狄奥多西一世死后，匈奴人进攻哥特人的领土，而哥特人又进攻由弱小的阿卡狄乌斯统治的东罗马帝国。野蛮人的入侵在兄弟皇帝和他们的宠臣之间造成了紧张关系，他们利用这个机会发挥他们的政治优势。在阿拉里克的带领下，哥特人摧毁了由西方皇帝霍诺留斯的将军斯提利康保卫的希腊领土。阿卡狄乌斯在他最喜欢的鲁芬和欧特罗普的控制下，要求斯提利康不要干预此事，这使得东方帝国的土地任由哥特人摆布。当阿拉里克向西进发时，阿卡狄乌斯决定授予他一个头衔，以争取他的支持。此举成功地将威胁转移到意大利，斯提利康在那里与他对峙。与此同时，阿卡狄乌斯也不得不保卫自己的帝国，抵御威胁其边界的匈奴人。欧特罗普想要利用成功保卫帝国的机会增加自己的政治影响力，但最终引发了一场反对他的起义。在哥特将军盖纳斯的支持下，东罗马皇后尤多西娅利用时机排挤了这位宠臣。

插图　拜占庭皇帝阿卡狄乌斯的肖像，铸造于4世纪和5世纪之间（切姆斯福德博物馆，切姆斯福德）。

根本上讲，它是关于理解神性和人性如何在基督的位格中共存。

一种起源于安条克并由君士坦丁堡大牧首聂斯托利（Nestorius）捍卫的教义肯定了基督的两种本性——神性和人性——分别独立存在。这导致一种观点，认为圣母玛利亚只是人性部分的母亲，而不是神性部分的母亲，因此，她不能再被称为"圣母"（theotokos）。

在以弗所大公会议（431年）上，罗马教皇和亚历山大牧首西里尔（Cyrille）反对这些理论。他们成功地谴责了聂斯托利主义，并驱逐了聂斯托利及其追随者。与此同

❶ 多瑙河 匈奴人将哥特人赶回，哥特人渡过多瑙河，来到东罗马帝国的巴尔干领土，由此，阿卡狄乌斯在位期间，哥特人在该地区造成恐慌。

❷ 伊庇鲁斯 西罗马皇帝霍诺留斯的心腹斯提利康将军抵抗阿拉里克。然而，阿卡狄乌斯还是听从了宠臣的建议，拒绝让斯提利康干预东罗马。阿拉里克的部队继续前进，并多次入侵伊庇鲁斯。

❸ 希腊 阿卡狄乌斯不得不与已经统治巴尔干半岛的哥特人达成协议，以防止他们的行动扩展到希腊领土并威胁到君士坦丁堡。随后，哥特人迎战意大利，阿拉里克击溃了罗马。

❹ 高加索地区 匈奴人作为哥特人入侵希腊的始作俑者，最终威胁到了拜占庭帝国的西北部，由此可见阿卡狄乌斯皇帝的绥靖政策是无效的。

时，另一种由西里尔本人捍卫的学说蓬勃发展。亚历山大牧首对聂斯托利异端的反对达到了极端，他宣称基督只有一种神圣的本性，这种本性掩盖或吸收了他人性的一面。这就是"一性论"（miaphysisme，希腊语中"mia"意为"一"，physis 意为"本性"）。在西里尔之后，亚历山大的教会继续提倡这一教义，但君士坦丁堡牧首和罗马教皇反对。

　　亚历山大一世西里尔的继任者狄奥斯科鲁斯一世发展了一性论派教义，并最终完全否认了基督的人性，反对罗马的东正教，尤其是君士坦丁堡牧首的东正教思想。另一

统一罗马帝国的最后一位皇帝

弗拉维乌斯·狄奥多西（Flavius Theodosius），俗称狄奥多西一世大帝，出生于考卡市（今西班牙塞哥维亚省的科卡）。狄奥多西皇帝从 379 年亚得里亚堡战役失败后在位，直到 395 年去世。他的成就标志着罗马帝国的古代晚期：他重新统一了帝国（然而他是统治东西两个部分的最后一位皇帝，他在去世时将其遗赠给两个儿子：霍诺留斯和阿卡狄乌斯），他收复了野蛮人占领的土地（通过外交方式将日耳曼人纳入军队和国家的等级制度），他还做出了至关重要的决定，使尼西亚基督教成为帝国的官方宗教，并颁布了《萨洛尼卡敕令》（*Cunctos Populos*，罗马人民共同体原则），于 380 年通过。

狄奥多西著名的"信使"（*Missorium*）银盘保存在马德里皇家历史学院，可能描绘了皇帝参加宫廷仪式的场景。

这个圆盘于公元4世纪在君士坦丁堡制作。它可能是为了庆祝狄奥多西一世在位十周年或十五周年活动。

异教的禁锢

狄奥多西试图通过几项禁止祭祀的法令（381年）来根除异教，并下令摧毁东方的异教神庙（388年）。他还摧毁了亚历山大的塞拉佩姆神庙（392年）。

插图 圣安布罗斯禁止狄奥多西进入米兰大教堂。安东尼·范戴克（Anton Van Dyck）的17世纪油画（伦敦国家美术馆）。

狄奥多西大帝是主角。其尺寸比其他人物都大，头部被古代晚期皇家肖像的灵气特征所包围。

方尖碑源自埃及，由法老图特摩斯三世于公元前15世纪竖立。狄奥多西于390年将其带回君士坦丁堡，并放置在赛马场。今天仍然竖立着。它的新位置决定了放置方尖碑的大理石基座的装饰，可以追溯到狄奥多西时期。最初，这件作品有30米高，但它的底部已经损坏，现在只有19米。

朝臣们聚集在皇帝周围。我们注意到瓦伦提尼安二世，狄奥多西的前任和共治摄政王（除非是霍诺留斯），以及他的儿子及未来的继任者阿卡狄乌斯。

基座 它描绘了皇帝将胜利的桂冠授予战车比赛的获胜者，这是东罗马首都最受欢迎的消遣方式。

个学说是由受狄奥多西二世保护的修士尤提齐乌斯（Euthychius）捍卫的单性论（monophysisme，希腊语中"monos"意为"单一""独一"），坚持认为基督的人性和神性融合为一个单一的新本性。埃及亚历山大的牧首与博斯普鲁斯海峡城市君士坦丁堡牧首之间的裂痕进一步扩大。最终，君士坦丁堡牧首弗拉维安和教皇利奥一世谴责一性论。然而狄奥斯科鲁斯采取报复，并说服皇帝在以弗所召开新的大公会议（449年），在此期间，一性论派通过所谓的"以弗所强盗"（Latrocinium）占了上风。一性论者设法使其教义得到认可，从而破坏了教会的团结。

狄奥多西二世于450年去世，没有留下子嗣，狄奥多西王朝与他一同灭亡。然而，东罗马帝国的宗教纷争仍在继续，并继续影响着政治。狄奥多西二世的继任者马西恩在450年登上王位后不久就被迫召开加尔西顿大公会议，以解决一性论问题。这一教义受到谴责，基督和尼西亚信经的双重性质得到了重申。据此，上帝的儿子是一个独特的存在，他有两种本性，一种是人的，一种是神的，在他的身上共存，不会以任何方式融合、改变或分离。这个教条后来被纳入东正教教义。

然而，这一决定并没有得到所有主教认可，这导致了自431年聂斯托利派被定罪以来教会的第一次大分裂。事实上，埃及、叙利亚和其他省份已经脱离了君士坦丁堡的东正教观念，仍然忠于耶路撒冷、亚历山大或安条克的牧首所捍卫的一性论教义，这引发了冲突和对抗。在这些地区，宗教仪式中的希腊语逐渐被当地语言（科普特语或叙利亚语）取代。由此，与帝国首都产生了不可挽回的分裂，这可能会极大地促进未来波斯人和阿拉伯人征服与君士坦丁堡的宗教和政治联系已经减弱的广阔领土。正是加尔西顿大公会议终结了狄奥多西王朝的残留。它还有另一个后果：君士坦丁堡牧首在所有东方教会中的首要地位在会议的第28条教规中得到了陈述，但罗马教皇从未承认过该教规。该教规设定了牧首在其辖区领土上的权力。几个世纪后，这个问题将永远把东方和西方基督教世界分离。

文学、艺术和科学

在君士坦丁王朝和狄奥多西王朝时期，帝国在艺术和科学方面经历了非凡的繁荣，尤其是在伟大的城市，不仅有罗马，还有东罗马帝国的城市：亚历山大、雅典和安条克。然而，应该记住，支持希腊 enkyklios payeia 或"全面教育"古典传统的知识精英仍然主要是异教徒。天文学或数学流派、新柏拉图哲学流派和不同的修辞流派在古代晚期的文化中心激增。同时，君士坦丁堡、贝里托斯（贝鲁特）、尼科米底亚、萨洛尼卡和以弗所等新中心都在争夺普通或专业研究中心的地位（例如贝里托斯法学院）。

在整个希腊东部，教育首先是由一位语法学家或一位私人教师来完成的，这是启蒙文学教育。然后，在接受诡辩家的高等教育之前，学生被托付给一个语法导师或修辞导师。一些修辞学大师，如异教徒利巴尼奥斯（Libanios）、希米里奥斯（Himérios）或西米斯托斯（Themistios），在当时享有盛誉。他们聚集了许多追随者，从异教徒到基督教，他们都渴望接受进入帝国政府所需的修辞训练。

在雅典、叙利亚和埃及，新柏拉图主义哲学流派也很突出。像查尔西斯的詹姆布利克（Jamblique de Chalcis）、以弗所的马克西姆（Maxime d'Éphèse）、希罗克勒斯（Hiéroclès）、塞恩（Théon）或亚历山大的海帕提亚（Hypatie d'Alexandrie）这样的思想家和科学家发展了数学、天文学，还有普罗提诺（Plotin）创立的新柏拉图主义，后由其弟子提尔的波菲利（Porphyre de Tyr）发扬。他们的教育以其巨大的声望吸引了许多好学的人。至于西方，古典人文主义的代表是元老院精英和大城市的贵族，这些城市包括奥顿、阿尔勒、特里尔、里昂或米兰。然而，基督徒在文化世界中占据了一席之地，他们将演说艺术、史诗或者历史等经典形式的话语与新兴宗教结合起来，并在公共场合越来越广泛地传播。

文学和艺术创作根植于古典希腊-拉丁传统，但具有新的表现形式。一种不同的审美情感标志着古代晚期的帝国东部，成为拜占庭艺术的前奏。在当时的异教徒作家中，我们发现克劳迪安、马提亚努斯·卡佩拉、帕诺波利斯的诺努斯、辛马库斯和许多其他人，他们用希腊语和拉丁语使古代晚期文学大放异彩。他们保持传统的希腊视角，同时适应新的主题和新的形式。历史方面也是如此，诸如整个后君士坦丁时代的编年史家阿米恩·马塞林（Ammien Marcellin）或狂热的异教徒佐西穆斯（Zosimus）等作家都脱颖而出。

拜占庭的争议：异端、异教徒和教父

整个 4 世纪，宗教问题以及异教徒与基督徒之间、东正教与异端之间的争端，不仅在帝国政治中，而且在帝国的日常生活中都占有中心地位。阿里乌斯教和异教同样受到东正教和尼西亚皇帝和神父们的激烈冲击。有时，冲突绕开了躁动不安的宗教会议，演变成暴力动乱。

另外，围绕基督本质的神学讨论走出圣殿，渗透到日常生活中，尤其是在东罗马帝国和君士坦丁堡。一性论问题成为广场、市场和教堂中激烈讨论的主题，这引发了东方教会之父尼萨的格里高利（Grégoire de Nysse）的抱怨："每个地方，许多人在讨论难以理解的问题。在街上，在市场，在十字路口……如果你问某样东西的成本是多少，你会得到哲学式的回答：什么已经被创造，什么还没有被创造。如果你问面包的价格，你会被告知父比子大。如果你问如厕的地方，你会被告知儿子是从虚无中创造出来。"

插图 罗斯献给君士坦丁堡牧首圣约翰·克里索斯托姆的圣像（罗马梵蒂冈博物馆）。

基督徒继续采用古典语来传教。福音书是用相当简单的希腊语写成的。很快，教父们就努力发展出希腊语和拉丁语的文学和修辞学。不少教会也因其用各自国家的语言教授教义而脱颖而出。叙利亚语、哥特语、科普特语、亚美尼亚语、斯拉夫语等语言的文学发展便是在古典语言的修辞模式和基督教教义的基础上逐步发展而来的。

在文化语言中，诗人和演说家如西尼修斯（Synesios）、普鲁登斯（Prudence）和纳齐安泽的格里高利（Grégoire de Nazianze），教会历史学家如凯撒利亚的尤西比乌斯和苏格拉底，以及修辞学家如米兰的安布罗斯、希波的奥古

斯丁、拉克坦提乌斯、约翰·克里索斯托姆、尼萨的格里高利和凯撒利亚的巴西尔，在文学上可与教育家、哲学家和异教诗人争夺主导权，这使他们的经典遗产适应基督教思想。在一些修道院中，有时会出现不宽容的倾向，人们只专注于阅读和学习《圣经》。然而，出于这些伟人对古典文学的热爱，基督教学校在课程中不仅仅设置古典修辞艺术，还有希腊罗马异教徒的作品。社会的进步和转变减少了修辞者学家的听众，而增加了主教的听众。因此，讲经和教牧布道胜过了其他文学和宣讲体裁。

这一时期的拜占庭艺术也以基督教的出现为标志。君

君士坦丁堡城墙

君士坦丁堡的石墙在今天的伊斯坦布尔仍然可见。君士坦丁建造的防御围墙后来由狄奥多西二世扩建，使这座城市在近一千年里坚不可摧。

异教与基督教之间的教育与文化

理想的教育方式应该是全面教育，包括修辞、语法和文学课程。4 世纪占主导地位的哲学是新柏拉图主义，它在一个世纪前由普罗提诺提出，并由教父们基督教化。

在拥有大学的城市中，亚历山大、安条克、雅典、贝里托斯（贝鲁特）、君士坦丁堡和罗马具有特别重要的意义，因为在每个城市中，都有一位修辞学家（修辞大师）任教。全面教育包括研究荷马诗歌、柏拉图和亚里士多德哲学、被称为"阿提喀主义"的修辞学流派等。当时学校还没有开始学习基督教经文，然而，在这一时期，基督教文学已经诞生了，它模仿了希腊文学体裁（书信集、戏剧、史诗和抒情诗），同时从《圣经》中汲取灵感。这一时期涌现出很多才华横溢的作者，他们是受过希腊式教育的使徒，如凯撒利亚的巴西尔（Basile de Césarée），约翰·克里索斯托姆（Jean Chrysostome）或尼萨的格里高利（Grégoire de Nysse）。

插图 代表君士坦丁堡哲学流派的《斯凯利茨手抄本》（Codex de Skylitzès）中一页，该手抄本出自 13 世纪（马德里国家图书馆）。

士坦丁花费巨资来装饰新首都。在他及其继任者的统治下，建造了许多雄伟的教堂，如圣索菲亚教堂和圣使徒教堂，也被称为使徒教堂。圣像画则结合了异教和基督教元素，这在埃及尤为明显。这种混合风格的例子可以在科普特织物、象牙雕刻和陪葬雕像中看到，展示了狄俄尼索斯和基督的交叉影响。后来，在狄奥多西一世及其继任者的统治下，还建造了赛马场和斯图迪翁修道院的圣约翰大教堂，成为当时艺术成就的代表。尽管所有可以追溯到东罗马首

❶ **教师** 评论著名或权威文本的哲学家或修辞学家，文本包括荷马史诗以及柏拉图和亚里士多德作品中的段落。

❷ **学生** 来自上层阶级的男孩，或者那些希望在帝国政府中发展的男孩，参加修辞班学习，以获得对他们的职业生涯至关重要的知识。

❸ **材料** 抄在纸莎草纸和羊皮纸上的哲学和修辞学书籍［以及称为初级演说训练（progymnasmata）的练习］。它们是教学的主要材料。

都这一时期的作品几乎都已被毁坏，人们依然相信它们强烈地影响了包括罗马（圣玛丽大教堂）和萨洛尼卡的其他教堂的建造。

从君士坦丁堡的建立到狄奥多西王朝的终结，这一个世纪成为这一东方文明的起点，奠定了建立拜占庭帝国的政治、宗教和文化基础。从古典世界到中世纪世界的过渡已经开始，拜占庭伟大历史拉开了帷幕。

档案：从拜占庭到君士坦丁堡

博斯普鲁斯海峡上的首都随着拜占庭历史的发展而发生着变化：帝国城市君士坦丁堡逐渐成为东方贸易的主要中心。

1400 年圣诞节，拜占庭皇帝曼努埃尔二世帕莱奥洛戈斯（Manuel Ⅱ Paléologue）抵达巴黎，当时查理六世在位。拜占庭皇帝住进卢浮宫的一座翼楼，准备会见西欧最有权势的君主。

君士坦丁堡，一个曾经辉煌的皇城，已经变成了一个困顿和贫困的城市。生活在土耳其人的威胁下，它将永远被改变。查士丁尼的时代，为了打造和宣扬拜占庭首都，对城市进行了最雄心勃勃的美化，现在已成为遥远的记忆；遥想 10 世纪和 11 世纪的辉煌，君士坦丁堡和欧洲另一端的科尔多瓦一起，是欧洲大陆上人口最多的城市。可到了 15 世纪初，君士坦丁堡与宏伟的巴黎城相比已显得苍白无力。曼努埃尔二世和查理六世的会面具有可悲的象征意义：古老的帝都让位于卓越的新欧洲城市。很快，君士坦丁堡将改变主人，甚至改名为伊斯坦布尔。几个世纪以来，这座城市发生了怎样的变化？

城市的起源

君士坦丁堡，战略要地，位于可以控制黑海通道的海峡上。始建于公元前 667 年，其传奇创始人是英雄拜占斯——有时被认为是波塞冬的儿子。这座城市当时是墨伽拉古城的一个殖民地，根据阿波罗神谕建立。此城被称为拜占庭，直到 324 年，君士坦丁皇帝决定在这里建立他的新首都。在皇帝的支持下，它容纳了基督教，改变了罗马历史的进程，这个东方首都在城市和政治上都变得辉煌。然后它被赋予了一个新名字：君士坦丁堡，一座属于君士坦丁的城市。

圣索菲亚大教堂　查士丁尼一世建造的圣索菲亚大教堂无疑是古代君士坦丁堡最著名的象征。

帝都大事记

公元前667年
来自希腊的墨伽拉人建立拜占庭。

324年
君士坦丁建立他的新首都君士坦丁堡。

425年
狄奥多西建造新的坚固城墙。

626年
突厥阿瓦尔人和萨珊波斯人围攻城市。

674年
阿拉伯人的第一次围攻。使用所谓的燃烧武器"希腊火"击退了敌人。

1204年
来自西方的十字军骑士占领君士坦丁堡。

1261年
帕莱奥洛戈斯王朝重新征服拜占庭首都。

1453年
穆罕默德二世的奥斯曼土耳其人占领君士坦丁堡。

君士坦丁堡地图 由克里斯托弗·邦德尔蒙蒂（Cristoforo Buondelmonti）作于15世纪（巴黎国家图书馆）。

"新罗马"的印象是通过实施君士坦丁本人发起的帝国建筑计划加强的，该计划由君士坦丁本人发起，并由他的继任者，特别是狄奥多西、阿纳斯塔斯和查士丁尼推行。城市坐落在几个世纪前墨伽拉人选择的理想位置，规模由城市的第二个创始人扩大了五倍。君士坦丁在古代拜占庭的中心建立了一个名为奥古斯都的大广场。他选择了关键位置来实施东罗马帝国对繁荣的亚洲航线、黑海和希腊的控制。

帝国之心

这座城市（希腊语为 eistenpolin，可能是伊斯坦布尔现名的起源）汇聚了亚洲东部、斯拉夫西北部和拉丁西部的所有商业路线。君士坦丁堡占据了一个三角形半岛，两侧略微弯曲，被一堵墙包围。三角形的西部顶点是金角湾上的布拉赫内门和马尔马拉海上的金门，相距6公里。圣巴贝（Sainte-Barbe）是第一个希腊城市的古老卫城（现在的托普卡比城所在），位于三角形的东端，距布拉赫内6公里，距斯图迪翁9公里。奥古斯都广场是帝国权力的参照地，是查士丁尼圆柱的所在地，一侧是元老院，与马格瑙尔宫（名字可能来自拉丁语 magna aula，"大厅"）并列，另一侧是皇宫。

不远处建有宏伟的圣索菲亚大教堂，成

拜占庭，帝国的象征

　　东方帝国的伟大首都，这颗博斯普鲁斯海峡上的明珠，是有远见的君士坦丁梦寐以求的城市，是欧洲千年历史的中心，是一个帝国的基石，体现了帝国理想的延续和希腊-拉丁时代的遗产。几个世纪以来，君士坦丁堡一直是西方文化传统的思想和精神的堡垒。历史将这座城市的存在置于两个关键日期之间：建城时期，即324年，创建"新罗马"以迅速取代旧罗马，以及它的衰落时期，即1453年。在这两者之间，千年君士坦丁堡对欧洲的城市规划具有深刻影响，其建筑、纪念碑、教堂、广场、柱子和宫殿让所有到访这座城市的游客都惊叹不已。

帕玛卡里斯托斯教堂　这座宏伟的拜占庭教堂，部分已被改建为博物馆，有引人注目的圆顶，上面装饰着描绘基督、圣格里高利和安东尼的马赛克。

❶ 狄奥多西二世城墙　建于412年和422年之间。这条新的双重防御带拓宽了由君士坦丁城墙划定的围墙。有十一座坚固的城门和九十二座塔楼。

❷ 君士坦丁城墙　它有效地保护了这座城市，从4世纪建立伊始，在哥特人入侵的动荡时期。这堵墙是离最初住所最近的防御工程。

❸ 乔拉的圣救主教堂　教堂位于君士坦丁城墙和狄奥多西二世城墙之间，建于4世纪的一座修道院基础上。目前的建筑可追溯至11世纪，其壁画和马赛克可追溯至14世纪。它现在是一个博物馆。

❹ 狄奥多西港　这座南部港口建于4世纪，是货物进入城市的重要门户。几个世纪以来，它一直被用作金角湾的辅助港口。

❺ 瓦伦斯渡槽　建于398年，以在亚得里亚堡战役中不幸丧生的瓦伦斯皇帝的名字命名。最初，它有1公里长，但今天只剩下一部分。

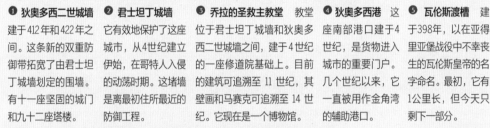

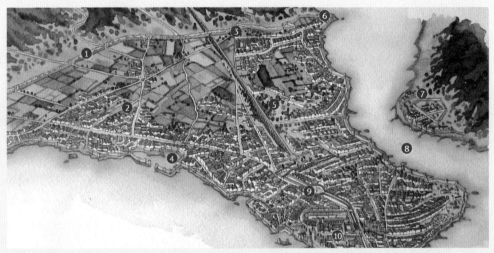

❻ 布拉赫内宫　从11世纪开始，它是皇室最喜欢的宫殿。皇室一直住在那里，直到奥斯曼土耳其人占领了这座城市。它位于君士坦丁城墙和狄奥多西二世城墙之间。

❼ 佩拉区　这个城外区域位于金角湾对面，延伸到加拉塔下方。这里是外国人聚居区，包括一个著名的热那亚殖民地。它现在用土耳其语名贝伊奥卢。

❽ 金角湾　首都的位置使它能够控制博斯普鲁斯海峡。从加拉塔延伸出来的一条大锁链穿过金角湾，阻挡敌舰的通行，犹如海上防御工事。

❾ 君士坦丁广场　广场上有一根柱子，顶端立着君士坦丁大帝的雕像，他一直因建立这座城市而受到尊敬。1204年十字军占领君士坦丁堡时，广场遭到了严重破坏。

❿ 皇宫　位于金角湾尽头，这座富丽堂皇的建筑从建城到11世纪一直是拜占庭皇帝的住所，也是帝国行政中枢的所在地。

为拜占庭权力的宗教基地；在皇宫附近是大型竞技场，供君王在宫中观看比赛，从而与他的人民建立联系。从奥古斯都广场的青铜门（或称查尔克门）进入宫殿建筑群，在那里你可以到达穿过城市的主要干道［梅塞大道（La Mésé），或中央大道］。大道西侧是泽西普（Zeuxippe）体育馆及其浴室，在 532 年的大火中，体育馆中著名的雕像与查尔克门一同被毁，但由于诗人克里斯托多·德科普托斯（Christodore de Coptos）的创作，关于它的描述仍然丰富多彩。广场附近还矗立着米利昂纪念碑，这座纪念碑标志着君士坦丁堡与帝国其他城市之间距离的起点。经过宏伟的查尔克门，你可以到达皇宫，那里最具代表性的建筑是达芙妮宫。

梅塞大道两边有许多公共建筑、教堂和广场，如君士坦丁、狄奥多西、布斯和阿卡狄乌斯时期的建筑。向北，梅塞通往查理修斯的大门，在狄奥多西的墙上打开，穿过圣使徒教堂。再往北是著名的布拉赫内区，最初位于城墙外，但希拉克略将其纳入城市。在那里有圣玛丽教堂、布拉赫内宫（科穆宁王朝将在这里定居和统治，更喜欢它而不是皇宫）及其中世纪的扩建部分，即紫衣贵族宫（土耳其语 Tekfur Saray）。

宽阔而著名的中央大道将市中心与新建筑区连接起来，随着时间的推移，这些建筑区已被君士坦丁堡城市群兼容进来。梅塞大道在城市的地理中心突然分叉，创造了一个巨大的仪式空间。大道随后通向著名的城墙大门，几个世纪以来，这座城墙一直保护着东方帝国的首都。每位皇帝都通过建造新建筑物或纪念碑来装饰这座城市，如黄金议事宫（Chrysotriclinium，查士丁尼二世的王座室）、新的巴西尔一世教堂或由狄奥斐卢斯建造的布克伦宫。君士坦丁堡的辉煌之美有助于维持帝国的威望，后来则用于掩盖其实力的衰落。

欧洲的典范

通过这种永久性的扩展，忠实地基于希腊和罗马古典建筑模型进行设计，拜占庭人知道如何使他们的城市成为中世纪盛期欧洲建筑的瑰宝。街道、广场、柱子、大道和公共建筑多变而华丽的风格表达了其适当的拜占庭风格，被整个欧洲所争相效仿。

乔拉的圣救主（Saint-Sauveur）教堂 教堂外廊的北穹顶，装饰着拜占庭艺术中最美丽的壁画。中心的浮雕刻着圣母和圣子。

　　拜占庭式的建筑风格对后人留下了深刻的印记。拉文纳的圣阿波利奈尔大教堂、威尼斯的圣马克大教堂、基辅的圣索菲亚大教堂，还有许多保加利亚或希腊的修道院，如迪斯托莫的圣路加修道院，都是拜占庭式的建筑。

　　沿着城市主干道梅塞大道漫步，所有游客对这个伟大的帝国首都都难以忘却。从查里修斯门进去，沿着这条大道穿过金角湾通往旧皇宫，穿过人口稠密的地区。在北部，靠近城墙的地方，露出了布拉赫内宫的轮廓，这是11世纪的新权力所在地。不远处矗立着伟大的圣使徒教堂。街道一直通往古老的广场，两旁的古迹折射出当年的辉煌。他们给文艺复兴时期的旅行者留下了深刻的印象，如北非柏柏尔人伊本·巴图塔（Ibn Battûta）、法国人布罗基耶尔（Broquière）或西班牙人冈萨雷斯·德·克拉维霍（González de Clavijo）或佩德罗·塔弗尔（Pedro Tafur），都在故事中表达了他们的印象和情感。

西班牙旅行者回忆他们在城市逗留期间所目睹的某些场景，并描述了当地的古迹和习俗，如拜占庭人非常欣赏的珍贵文物，如圣像游行。1403 年，卡斯蒂利亚的亨利三世驻帖木儿大使鲁伊·冈萨雷斯·德·克拉维霍（Ruy González de Clavijo）就讲述了一个令他印象深刻的宗教游行："大理石上的圣母玛利亚像，据说是由最光荣和最有福的圣路加亲手制作和描绘"，圣像来自圣母先导教堂（Notre-Dame-des-Guides）。

游客们对教堂和修道院的大量人群以及神职人员的奢华生活也大感惊讶。佩德罗·塔弗尔在 1437 年描述了"名为全能者基督（Pantocrator）的修道院，装饰非常华丽，全是黄金和马赛克，还有皇帝的墓穴"。除了教堂和宫殿里的奇珍异宝和富丽堂皇的宫殿，城市里的优雅人群同样令游客赞叹。他们坐着豪华的轿子，伴随着装备齐全的游行队伍。

除了贵族（包括科穆宁、坎塔库泽诺斯、帕莱奥洛戈斯等家族）和教士，君士坦丁堡的人口还非常多样化，有商人、工匠甚至农民。这座城市将农业区和农田融入城市肌理。冈萨雷斯·德·克拉维霍大使说："你会看到丘陵和山谷，那里有花园和麦田。在这些花园中，分布着一些郊区的房子和城市中心的房子。"伊本·巴图塔（14 世纪）的记录也让人想起这个城市特有的构成，它有十三个几乎独立的区域，以及在城墙内交错的菜园、作坊和房屋。农业用地很丰富，尤其是在君士坦丁城墙和狄奥多西城墙之间的地区。

由于有制革厂，北部地区集中了拉丁人的作坊，从佩拉（土耳其语中的贝伊奥卢）到港口附近的金角湾，但也因此更脏更臭。除了汇聚着各种行业，这座城市的种族也呈现出多样的特征，如：犹太人（在城市郊区）、拉丁人、亚美尼亚人、俄罗斯人、土耳其人和保加利亚人……多种语言和商业交流使城市的这些地区形成一个大集市，逐渐演变为东西方贸易中心。然而，在 15 世纪，当冈萨雷斯·德·克拉维霍和佩德罗·塔弗尔访问这座城市时，人口减少和拜占庭首都所面临的毁灭威胁已迫在眉睫。为了展现这一帝国首都的巨大活力，有必要了解当时君士坦丁堡市和帝国各行省之间的政治和经济动态。

一座为围攻做好充分准备的城市

　　这座城市被希腊人命名为"城邦"，位于一个特殊的地点，是一个名副其实的天然堡垒。尽管遭受过无数次围攻，君士坦丁堡仍能坚持对敌人的长期抵抗，除了坚固的城墙，城市的补给设施也是重要原因。北部两个港口地处金角湾有很好的保护，南部另外三个港口位于马尔马拉海（古代的普罗庞提斯），可确保物资接收畅通。水通过一个渡槽系统从西北部的山丘输送到一系列大型地下蓄水池。在君士坦丁和狄奥多西二世扩大了城市的周边之后，每个皇帝都建造了新的公共建筑。查士丁尼以君士坦丁堡的一些标志性建筑而闻名，例如大教堂蓄水池。这项令人印象深刻的土木工程（如上图所示），在土耳其语中称为 Yerebatan Sarnici（地下蓄水池），是君士坦丁堡60个地下蓄水池中最大的一个，建于532年，面积9800平方米，可蓄水近10万立方米。交叉拱形天花板由336根9米高的古典大理石柱子支撑。蓄水池为皇宫供水，1453年奥斯曼帝国征服后，开始向托普卡比宫（Topkapi）供水。

皇帝身边的城市贵族发挥着乡村贵族的制衡力量。家族之间的联系符合那些保卫边境不受邻国侵害的人的商业利益，同时还通过贸易变富。各行省与首都之间、东西方之间的交通路线是政治、文化和商业调解的特殊工具，看看伊斯兰和土耳其东部、拉丁西部、斯拉夫北部和南部马穆鲁克都汇聚在华丽的君士坦丁堡周围，地处主要陆路和海上贸易路线的十字路口。

君士坦丁堡的发展是循序渐进的。尤其是防御工事，通过多次阻止敌人证明了它们的有效性，这是首都必须面对的威胁，只有克服许多困难才能保持其地位。这座城市遭受过多次无情的攻击，例如 678 年和 718 年的阿拉伯人，或 813 年和 1090 年的保加利亚人。在 9 世纪和 11 世纪之间，君士坦丁堡因基督教人口最多而著称，也是世界上最大的城市之一。然而，最富裕省份的连续亏损，如 7 世纪的埃及或 11 世纪的安纳托利亚，对拜占庭经济造成了严重打击。在军事失败、战略失误、统治家族之间的争端以及威尼斯人、保加利亚人和土耳其人等危险对手的领土或商业扩张之后，帝国的领土和权威持续缩小。亚美尼亚曼济科特（Manzikert）战役（1071 年）的灾难标志着持续衰落的开始，在此期间君士坦丁堡越来越孤立。结果，帝国的心脏逐渐被切断了供应和贸易的来源。

因此，东部土耳其人以及北部斯拉夫人的政治和商业力量迫使君士坦丁堡越来越多地转向基督教西方寻求帮助。不幸的是，这种援助造成的问题多于解决的问题，十字军东征的残酷事件或拉丁人占领这座城市就是明证。与西方的关系从 1054 年的大分裂后继续恶化，随着 1204 年拉丁十字军洗劫君士坦丁堡而崩溃。

1204 年，在威尼斯总督恩里科·丹多洛（Enrico Dandolo）领导的第四次十字军东征中，野蛮人和非基督教民族未能取得成功，基督徒以前所未有的残忍手段占领了伟大的拜占庭首都，丹多洛也被埋葬在圣索菲亚。君士坦丁堡被付之一炬。这场文化灾难导致许多艺术品、文物和手稿被毁。此后拉丁人统治这座城市直到 1261 年被拜占庭人重新征服。西方人建立了对贸易进行严格控制的殖民地，其中最著名的是佩拉的热那亚人殖民地，但来自威尼斯、安科纳、佛罗伦萨、加泰罗尼亚和拉古萨的许多人也在金角湾定居。

马赛克圣像（祈祷） 全能者基督和施洗约翰像局部。这件拜占庭艺术的杰作（12世纪）藏于圣索菲亚大教堂。

毁弃

君士坦丁堡，这个位于两个世界之间的城市，其不稳定的平衡被永远打破了：它不合时宜的生存让世界不再对新的权力挑战感兴趣。拜占庭人参与十字军东征，却没有得到拉丁帝国的回报，反而切断了与东方的联系。在东正教斯拉夫人的眼中，君士坦丁堡试图与罗马和解使其名誉扫地。与此同时，拜占庭人自己，由于无数的王朝更迭和神学争论，以及众多的地区冲突和敌对的教会派别，最终分裂和削弱了帝国。土耳其部落奥斯曼一世建立的国家进入地缘政治舞台，也将加速君士坦丁堡的衰落。

奥斯曼人从14世纪初开始逐渐占领小亚细亚西部，最终孤立了拜占庭首都。

雄伟的大皇宫

庞大的皇宫建筑群占据了城市东南部的广阔区域，地面倾斜，不平坦的地方被各种结构和建筑所弥补。每个皇帝都对大皇宫进行了扩大和装饰。它是通过位于奥古斯都广场的青铜门或查尔克门进入的，是梅塞大道的起点。离拜占庭权力中心不远的地方是马格瑙尔宫，元老院坐落于此，后来大学也在这里创建。宫殿建筑群包括皇家卫队的兵营、王座室、帕拉蒂尼教堂以及密集的建筑物和房屋。

插图 来自6世纪宫殿的马赛克（伊斯坦布尔马赛克博物馆）。

经过几次尝试，以及在向西方寻求帮助的请求未果之后（如曼努埃尔二世帕莱奥洛戈斯曾前往欧洲），君士坦丁堡于1453年5月29日被苏丹穆罕默德二世占领。享有盛誉的基督教首都转而获得穆斯林奥斯曼帝国的庇护。自此，君士坦丁堡成为伊斯坦布尔。

❶ **竞技场** 由塞普蒂米乌斯·塞维鲁于 203 年建造，在4世纪由君士坦丁扩建。可容纳八万观众，人们可以在那里表达愿望。

❷ **观演台（卡西斯玛）** 位于竞技场的最东端，是皇帝观看表演的包厢，并接受观众的喝彩与指责。

❸ **达芙妮宫** 4世纪由君士坦丁下令建造，6世纪由查士丁尼二世扩建，直到8世纪，它一直是皇帝的主要住所。

❹ **奥古斯都广场** 这个大长方形广场最初是君士坦丁堡的市场之一。公元6世纪，它被改造成一个被门廊包围的封闭庭院。

❺ **布克伦宫** 它由狄奥多西二世建于 5 世纪，其中包括大型议事厅"黄金议事宫"。它也曾作为皇家住所。

❻ **梅塞大道** 这条宽阔的大道有几处宽25米。它周围有许多店铺、柱子和雕像。宗教和帝国的游行队伍要经过这条大道。

❼ **里程碑** 建于4世纪，标志着测量帝国所有道路距离的起点。因此，它相当于罗马广场的金色里程碑。

❽ **查尔克门** 宫殿建筑群的主要入口。它是在6世纪由查士丁尼皇帝建造的。也被称为青铜门，它标志着梅塞大道的起点。

❾ **圣索菲亚大教堂** 是这座城市最具象征意义的建筑物，是拜占庭式建筑的真正综合体，建于537年，建于古建筑之上。

❿ **马格瑙尔宫** 元老院所在之处。这座宫殿在 10 世纪曾是一所哲学学校。附近还有国库和档案馆等其他帝国行政建筑。

圣伊琳娜教堂 君士坦丁堡陷落后，该教堂并入苏丹的宫殿，成为一个军械库。

查士丁尼大帝

拉文纳新圣阿波利纳尔大
教堂 6 世纪马赛克的局部

插图（右侧） 属于希罗
波塔穆（Asropotamou）修道院
的铜盘，为普尔切丽皇后而制

查士丁尼复兴帝国

6世纪，在复兴帝国和基督教东正教的双重旗帜下，查士丁尼恢复了罗马帝国的威望，并收复了先辈在蛮族手中失去的西罗马领土。得益于最佳的物质和思想条件，这位伟大皇帝取得了成功。查士丁尼时代无疑是君士坦丁堡最辉煌的时期。

从狄奥多西王朝结束到查士丁尼时代开启的过渡时期，一直处于萌芽状态的民族和宗教问题变得更加尖锐。主要问题是不同族群（先是日耳曼人，后是伊苏里亚人）对国家机器的影响，以及波斯人、哥特人和斯拉夫人对帝国边境安全的威胁。此外，不同基督教派别（尼西亚派和阿里乌斯教派，东正教派与"一性论"派，东派和西派）之间的争论和分裂超出了宗教范畴，掩饰了种族、意识形态和政治的紧张关系。

狄奥多西二世去世后，其妹嫁给了色雷斯的军人马尔西安，后者遂被选为皇帝，在位时间为 450 年至 457 年。在他的统治下，帝国复兴了尼西亚派，并停止向阿提拉匈奴人进贡。阿提拉匈奴人因无法攻下君士坦丁堡，转而决定进攻西罗马帝国。然而，蛮族人继续暗地里在东罗马帝国行使权力，正如军事家阿兰人阿斯帕尔的功绩表明，他对皇帝马尔西安及其继任者利奥一世（457—474 年）登基起了决定性作用。利奥一世是第一位从君士坦丁堡牧首手中接过帝国王冠的皇帝，从而建立了一个新的拜占庭传统，并一直延续下去。在此之前，皇帝是由军队、民众和元老院按罗马仪式宣布的。在君士坦丁二世（641—688 年）时期，加冕仪式从埃夫多蒙（Hebdomon）宫移至竞技场，然后在大教堂举行。

日耳曼人和伊苏里亚人

利奥一世登基后，日耳曼血统的雇佣兵和官员（哥特人、汪达尔人和阿兰人）在宫廷中有很大的影响力。他们能够影响东罗马帝国的政治局面。很快，他们在西罗马帝国的废墟上建立了自己的国家，如在西班牙、高卢和北非地区。日耳曼人拥有相当大的权力，并在皇帝登基和帝国官僚机构的运作中发挥了积极作用。为了在巴尔干半岛占一席之地，东罗马帝国仍然是匈奴人和东哥特人袭击的目标。

为了对抗日耳曼人，利奥一世开始倚靠生活在安纳托利亚南部的好战民族——伊苏里亚人。因此，他将那些不太熟悉希腊–拉丁文化，但仍是帝国臣民的人安排在宫廷和行政部门。与东罗马帝国臣民不信任的、难以管教的日耳曼人相比，伊苏里亚人似乎更可靠。在这种情况下，伊苏里亚领袖塔拉西斯（Tarasis）由一支庞大队伍护送抵达首都。他取了希腊名——芝诺（Zenon），很快赢得了皇帝的青睐，皇帝把自己的女儿阿里阿德涅（Ariane）嫁给了他。通过改变宫廷组织结构，利奥一世与阿兰·阿斯帕尔抗衡，后者信奉阿里乌斯教，君士坦丁堡的民众不喜欢他。

当时，东罗马仍然控制着西罗马，利奥一世宣布安特米乌斯（Anthémius）为西罗马皇帝就是证明。尽管如此，在 468 年，东罗马皇帝发动一场代价巨大的军事行动，试图征服根赛里克（Genseric）在北非新建立的汪达尔王国，但却以失败

一个新社会：世系和社会晋升

当时东罗马形成的新社会使社会等级发生了变化。一方面，新的族群在帝国占有一席之地；另一方面，新的王朝得以建立。来自东方行省漂泊的知识分子在宫廷中得以立足并发迹。

在宫廷和帝国行政机构中，社会等级变化是5世纪和6世纪东罗马帝国的特点之一。就东罗马帝国而言，或多或少有重要军官（如利奥一世、马尔西安和查士丁一世）或元老们成为皇帝并建立王朝，这是一个事实。一些非希腊血统的军事家，如伊苏里亚人芝诺，也登上了帝国的王位。芝诺死后，他的遗孀与宫廷礼仪官（silentiaire，负责维持皇帝周围肃静的官员）阿纳斯塔修斯（Anastase）再婚，后来阿纳斯塔修斯也成了皇帝。这就解释了为什么那些希望在政治上发展的人会如此贪婪地觊觎宫廷中的官位。

插图 6世纪的象牙作品，呈现了利奥一世的女儿、芝诺的妻子以及后来阿纳斯塔修斯的皇后阿里阿德涅（佛罗伦萨巴杰罗国家博物馆）。

告终。阿斯帕尔的阴谋可能是导致这一失败的原因，他嫉妒伊苏里亚人芝诺，娶了皇帝的第二个女儿，重新获得了在宫廷的影响力。但在 471 年，利奥皇帝在首都日耳曼人屠杀中命人处死了阿斯帕尔——这使利奥一世得到了"刽子手"（希腊语 Makelles）的称号。利奥一世（474 年）去世后，芝诺和阿里阿德涅的儿子利奥二世短暂继承了王位，但没有执政，因为这个未成年人在登基十个月后就夭折了。

随后，伊苏里亚人芝诺掌权。在其统治时期，日耳曼人的影响最终被帝国行政部门里伊苏里亚人的势力所取代。尽管如此，东罗马人仍将其视为蛮族人，不轻易接受他们。475 年，帝国爆发了反对芝诺的叛乱。叛乱是由皇帝妻子的叔叔，"一性论"教派的巴西利斯库斯（Basiliscus）挑起，这迫使皇帝在安条克（Antioche）流亡了一段时间。一年后，在伊苏里亚将军伊卢斯（Ilus）的支持下，芝诺夺回首都，并将叛乱头目驱逐出境。然而，伊苏里亚人的统治并未终止政治上的不稳定：帝国于 478 年和 488 年又爆发了叛乱，其中 488 年是异教徒激起的叛乱。因此，伊苏里亚首领不停地为权力而战。

芝诺和阿纳斯塔修斯的统治

在芝诺统治时期，发生了一件史无前例的事件，永久改变了欧洲的局面：476 年，日耳曼人奥多阿克（Odoacre）废黜了西罗马最后一位皇帝罗慕路·奥古斯都（Romulus Augustule）。为了表示对芝诺的臣服，奥古斯都将帝国的徽章送到君士坦丁堡。因此，东罗马皇帝至少在象征意义上成了西罗马皇帝。为了保全其颜面，芝诺承认奥古斯都为意大利的军事统帅（magister militum），就好像他仍然统治着一个统一的帝国。实际上，西罗马早已四分五裂成蛮族统治的诸多王国。此外，芝诺很快就将巴尔干地区的顽固劫掠者——东哥特人的威胁转移到了奥古斯都的领地上。狄奥多里克（Théodoric）击败了奥古斯都，并在意大利建立了一个东哥特王国。随后，在 497 年，芝诺的继任者阿纳斯塔修斯一世终于承认狄奥多里克是意大利国王。这使帝国再次统一的幻想破灭。尽管东罗马皇帝继续声称拥有这些领土，西罗马实际已分裂成包括汪达尔人的非洲和东哥特的意大利等蛮族诸王国。

当时宗教政策的特点是，在加尔西顿大公会议上东正教派与"一性论"派决裂后，又有了统一教会的新尝试。482年，君士坦丁堡的牧首阿卡斯（Acace）在芝诺的敦促下，发布了《合一通谕》（l'Henotique）。这一尝试失败了，因为《合一通谕》回避了关于基督"一性"或"两性"本质这一棘手问题，介于两个阵营不可调和的立场之间。甚至罗马教皇也拒绝这个通谕：他决定将君士坦丁堡牧首逐出教会来反对《合一通谕》，这造成了东西方教会长达30年的首次决裂。

芝诺死后，阿里阿德涅皇后嫁给了一位年长的帝国官员阿纳斯塔修斯，他从491年到518年在位。阿纳斯塔修

一个冲突的社会

这份6世纪的手稿可能撰写于君士坦丁堡时期，讲述了希腊人和特洛伊人之间的战争（米兰昂布罗修图书馆），是早期的非基督教文学作品上的彩画实例之一。制作这一类型彩画的艺术家可能是受到5世纪拜占庭帝国动荡的启发：君士坦丁堡充斥着无休止的社会矛盾和权力斗争。

斯以芝诺追随者密谋反对他为借口，试图减少伊苏里亚人的影响，他在君士坦丁堡迫害伊苏里亚人，同时在城外开战，成功镇压了伊苏里亚叛军。这场被称为"伊苏里亚战争"的冲突从 492 年持续到 498 年，并以入侵位于今土耳其境内托鲁斯山脉（Taurus）的伊苏里亚而告终。

502 年至 506 年期间，阿纳斯塔修斯发动了另一场重要的战争，这次是针对萨珊王朝波斯人。这场战争的高潮是安纳托利亚东南部城市阿米达的失守和收复。战争最终以一项和平协议而结束，没有赢家或输家。从那时起，堡垒和驻军严防死守帝国与波斯的边境，如达拉。

最后，阿纳斯塔修斯不得不参与到巴尔干地区的另一场军事冲突中。东哥特人自从在意大利建立王国后，就不再对帝国构成威胁。然而，另一个草原民族对帝国的欧洲边界施加了压力：保加利亚人。那个时期，他们不是斯拉夫血统，而是突厥血统。他们将在拜占庭的历史上发挥关键作用。为了保护首都免受威胁，阿纳斯塔修斯在黑海和马尔马拉海之间修建了以他的名字命名的长城，并沿多瑙河修建了一系列的防御工事。这位高效的皇帝在通过废除旧贡税和改革税收和货币制度，在改善财政状况取得显著进展后，才得以开战和实施建造计划。

在君士坦丁和阿纳斯塔修斯统治的两个世纪里，帝国首都不论是面积或是威望都显著扩张。在那场动摇了西罗马所有大城邦的危机之后，她已然成为整个罗马世界最亮丽的明珠，是未来皇帝查士丁尼大帝的理想首都。

登基前，阿纳斯塔修斯曾发誓要重视教会安宁并维护东正教。在宗教政策问题上，在保持芝诺灌输的《合一通谕》和谐精神的同时，他明显表现出对"一性论"的倾向，这使他在东方行省很受欢迎。在对外政策方面，帝国与被承认为意大利国王的东哥特人狄奥多里克以及被任命为执政官的法兰克人克洛维建立了联系。当时，西罗马仍将东罗马皇帝视为监护人和至高无上权力的存在。他仍然象征性地是日耳曼民族统治的新国家的皇帝。因此，这种根深蒂固的统一帝国观念在 6 世纪初仍然存在，这是为了在意识形态和军事上鼓励查士丁尼重新征服西罗马帝国的行动。

查士丁尼的使命

518 年，阿纳斯塔修斯一世去世后，查士丁一世（Justinien Ier le Grand）登上王位，一直统治到 527 年去世。查士丁一世是伊利里亚人的后代。他的军事生涯非常辉煌，他是帝国卫队的指挥官，与阿纳斯塔修斯皇帝关系非常密切。查士丁一世在他将近 70 岁的时候执政。因此，他把政府的部分工作交给了一个值得信赖的人，就是他的侄子查士丁尼，最终查士丁尼成为王位的继承人。去世前不久，查士丁一世废除了禁止元老院的贵族成员与身份卑贱的女子通婚的法律，允许查士丁尼与曾是马戏团舞女还在街头卖艺的狄奥多拉结婚。这一联姻成为引起轰动的丑闻。这是查士丁尼统治伊始，在他收复领土、重新统一和复兴帝国之前。

自芝诺统治以来，在帝国统一的表象背后，西罗马实际上正在被日耳曼民族逐步肢解，而东罗马则不断受到雄心勃勃的新建王国之威胁。许多东罗马人认为，有效保护自己的唯一方法是进攻和重新征服西罗马。占据君士坦丁堡（第二个罗马）王位的皇帝是罗马辉煌历史遗产的守护者，同时也是基督教未来的保护人。查士丁尼处在一个相对稳定的经济环境中，正如凯撒利亚的普罗科皮乌斯（Procope de Cesaree）所提到的，因此新登基的皇帝有充足的资金开展军事行动。

即使在分裂的西罗马，复兴帝国的梦想、帝国统一的理想和归顺皇帝的观念也一直存在。在 6 世纪初，帝国权力机关仍能以意识形态为由收复蛮族占领的失地。憎恨日耳曼人和伊苏里亚人的东罗马民众等待一位领袖人物带领他们开启伟大征程，以恢复帝国昔日的荣耀。查士丁尼正是这个人物。弗拉维·伯多禄·塞巴提乌斯·查士丁尼（Flavius Petrus Sabbatius Justinianus）482 年出生于巴尔干半岛的伊利里亚的陶雷修姆（Tauresium），他当了皇帝，并承担起神圣的双重使命：对抗蛮族；对抗异教徒和无神论者，以复兴帝国。

527 年 4 月，查士丁尼携妻子狄奥多拉即位。这个女人性情刚烈，有极高的政治天分。从她丈夫统治开始，直到 548 年查士丁尼英年早逝，狄奥多拉一直发

拜占庭宫廷头衔和等级制度

拜占庭宫廷的官僚机构在组织上极为复杂，拥有大量的职位和荣誉头衔，其中大部分是从罗马帝国承袭下来的。除此以外，从希拉克略（Heraclius）开始，还增加了希腊头衔。

宫廷中按等级排列的职位被分为宦官和"蓄须者"即非宦官的职位。在最有声望的头衔中，有总领（proedros）、领帅（magistros，国务大臣magister officiorum的继承人）、领军［stratelates，即统帅（magister militum）］和大司门（vestarches）。其他头衔，如执政官（hypatos）、资深执政（anthypatos）以及最高贵族（patrikios）头衔，都是从罗马帝国承袭下来的。帝国护卫队中有带剑侍从（spatharioi）、首席佩剑侍卫（protospatharios）、皇帝亲卫（kandidatoi）。宫廷着装由司服官（protovestiarios）负责，而宫廷礼仪官（silentiarios）则负责维护宫廷的肃静。宫廷职位还包括许多其他头衔：管领（praipositos）、领侍使者（primikerios）、司门使者（ostiarios）、内室使者（koubikoularios）、司盥使者（nipsistiarios），等等。

插图 查士丁尼皇帝及群臣。拉文纳圣维塔教堂的马赛克（6世纪）。

挥着主导作用。根据拉文纳圣维塔教堂的马赛克画像人们可以大致了解她是什么类型的女人。她具有非凡的能力，于内于外都能运筹帷幄。她支持重新征服西罗马，为了实施帝国复兴计划，查士丁尼和狄奥多拉身边聚拢了很多杰出人物，如不辞辛劳的将军贝利撒留和纳尔泽斯、英明的执政官让·德·卡帕多斯（Jean de Cappadoce）、法学家特里波尼安（Tribonien）、诗人礼仪官保罗（或"肃静者保罗"，Paul le Silentiaire）以及历史学家普罗科皮乌斯和阿加蒂亚斯（Agathias）。

贝利撒留战役

在发起重新征服帝国的战争之前，查士丁尼巩固
了帝国不断受到萨珊波斯人攻击的东部边境。因此，
他派刚被任命为东罗马军事长官的年轻有活力的将军
贝利撒留与波斯国王库斯鲁一世开战。贝利撒留在美
索不达米亚作战，在530年英勇地保卫了达拉城。然
而，在打了几次胜仗后，也遇到了挫折，战况僵持不下，
胜负难分。查士丁尼在532年与波斯人达成了"永久
和平"协议，以便腾出手来开始推行他在西方的政治
计划。

肖像画中的查士丁尼皇帝

这一时期的肖像画忠实地反映了查士丁尼的思维形态。当时帝国的肖像主要用于宣传，然而拜占庭的具象艺术正在发生美学革命。皇帝所倡导的帝国复兴、宗教团结和政教合一等政治理念充分体现在整个帝国的各种作品中，同样在教堂和宫殿的华丽装饰以及精湛的小艺术 [4] 作品中有所表现。政治肖像反映了查士丁尼宫廷的辉煌。它不仅颂扬皇帝及其妻子狄奥多拉，而且还赞颂帝国行政部门的高级官员和教会精英。有两个作品可能是这类肖像最好的例子：拉文纳圣维塔教堂的马赛克和巴黎卢浮宫收藏的巴贝里尼象牙雕像。

钱币上的肖像　帝国形象的推广主要是通过钱币来实现的。这枚金硬币上刻有查士丁尼肖像（伦敦大英博物馆）。

[4] 除绘画、雕塑、建筑以外的艺术。——译者注

拉文纳的肖像

为了纪念拉文纳圣维塔教堂的祝圣仪式，制作了一系列象征帝国权力的马赛克。其中一幅马赛克（见第63页）呈现了查士丁尼皇帝在大主教马克西米安（Maximian）和其他宫廷高官身边的情景。这幅马赛克的右边是狄奥多拉皇后的马赛克，也由廷臣和侍从陪同。此处是皇后肖像马赛克的局部。

❶ 凯旋的皇帝 蛮族的征服者。该肖像被认定为阿纳斯塔修斯一世或查士丁尼皇帝。巴贝里尼（Barberini）的双联画显示其在马背上，拿着长矛对着一个头发和胡子都很凌乱的蛮族人。

❷ 繁荣 一个袒胸露背的女人右手握住皇帝的脚，身上扛着水果。这个女人象征着皇帝统治的繁荣及其在领土上的威望。

❸ 胜利之翼 一个女人站在一个有十字架标志的金球上，左手拿着象征胜利的棕榈叶，右手已缺失，据推测，右手拿的是帝国的王冠。

❹ 年轻的基督 基督被两个天使围绕着，背着十字架，占据了上方位置。上帝之子用其右手做了一个手势来赐福皇帝，体现神佑皇帝。

❺ 军官 他可能是一位执政官，留着胡须，身穿铠甲。左侧士兵向皇帝进献一个戴有桂冠和王冠的胜利雕像。

❻ 战败者队伍 在皇帝肖像下面，一条雕刻精美的饰带呈现了一个被打败的蛮族人队伍，他们带来了野生动物祭品来进贡给胜利者。

533 年，一支由贝利撒留指挥的两万人军队在非洲的汪达尔王国登陆。根赛里克领导的汪达尔人在 5 世纪占领了富饶的北非地区。贝利撒留在与当时汪达尔国王盖利默的两次战斗中迅速夺回了该地区。这次入侵的理由有两个：一方面，盖利默废黜了亲拜占庭帝国的国王希尔德里克（Hilderic）；另一方面，汪达尔人是阿里乌斯异教派的支持者，曾迫害东正教基督徒。这场胜利是贝利撒留指挥的征服西罗马的闪电战和查士丁尼收复帝国宏伟计划中的一次壮举。533 年 9 月 15 日，迦太基沦陷，开启了贝利撒留军事生涯的辉煌。为了庆祝第一次伟大胜利，这位拜占庭将军用链条锁住蛮族国王根赛里克并将其押回君士坦丁堡。几乎在同一时间，贝利撒留对意大利的东哥特人发动了闪电战。

贝利撒留首先占领了西西里岛，然后由南往北成功征服了意大利。他从那不勒斯出发，对罗马实施长期围困后，胜利进驻罗马（536 年）。这一胜利无疑是他军事生涯中的第二个丰功伟绩。

查士丁尼从蛮族手中夺回了西罗马的旧都，也是罗马教廷的所在地，这一胜利极具象征意义。然而，收服东哥特王国的关键在于控制繁荣的北部地区，而这种控制只有通过攻占拉文纳城才能实现。贝利撒留在 540 年打败了维提吉斯（Vitiges）国王后占领了拉文纳，该城是拜占庭帝国在意大利领土上的未来权力中心。同年，维提吉斯被俘并被押回君士坦丁堡。拜占庭帝国的霸权还远远没有在意大利建立起来。在"第二次哥特战争"（541/542—552 年）期间，罗马和拉文纳一度重新落入蛮族手中，这次战争不仅持续时间长，而且比第一次更血腥。查士丁尼对贝利撒留失去信心，将其召回首都。贝利撒留的对手，外交官纳塞斯将军凭借自己的优势，无可争议地消灭了危险的哥特国王托蒂拉（Totila）之后，巩固了拜占庭对意大利的控制。

就在这时，贝利撒留这个极受欢迎的人被指控觊觎王位（事实上东哥特人的确曾向他暗示过）。他最终于 562 年在君士坦丁堡被控腐败而受到审判。传奇一生的贝利撒留，伟大的将军和查士丁尼征服计划的执行者（意大利、非洲、西班牙、波斯和多瑙河战役），他的大起大落完美地诠释了拜占庭帝国的动荡。命运之轮可以把马戏团舞女变成皇后，把将军变成乞丐。这位将军失宠，也许是因为他隐藏的政治野心。根据一个未经证实的传说，在被剜去双眼后——这是拜占庭宫廷的常见刑罚，他在生命的最后时刻乞求："赐予贝利撒留礼物吧！"这种荣耀逆转的生动形象在整个中世纪和文艺复兴时期给人留下了深刻印象。在14世纪的一部史诗中叙述了贝利撒留的人生经历。这个具有传奇色彩的人物像整个查士丁尼时代一样令人着迷。

当时伟大的历史学家凯撒利亚的普罗科皮乌斯在一部带有宣传色彩的长篇官方编年史中记录了西罗马战争，即使这部编年史隐约体现出对权力的含蓄批评。普罗科皮乌斯是记录贝利撒留指挥的战役的史官，其著作《查士丁尼的战争》(*Guerres de Justinien*) 讲述了皇帝在东罗马对抗波斯人的战役，以及在西罗马对抗哥特人和汪达尔人的战役，这些战役一度恢复了帝国权力。然而，作者被认为还写了一部《秘史》(或"未发表"，因其希腊书名为《逸事》*Anekdota*)，其中强烈表达了他对宫廷和宫廷人物的不满。书中没有任何人是正面形象。查士丁尼被描绘成可憎的暴君："查士丁尼不是人类，而是人形的恶魔，正如我所说的，他对人类施加的极大罪恶就是充分的证据。"至于狄奥多拉皇后："没有人比她更渴望享乐。她沉迷于宴会，十个或更多的年轻人相陪，行为放荡。"贝利撒留被描绘成一个窝囊、自满的傀儡和丈夫。当然，这本言辞激烈的小册子没有出版。今天，为了解那个时代，它构成了凯撒利亚的普罗科皮乌斯官方编年史的一个迷人的替代版本。

尽管有这些不光彩的插曲，但在554年和555年反对西哥特人的战役中，复兴帝国的伟大想法达到了顶峰，西哥特人从高卢以南的第一个基地向外扩张，几乎占领了整个西班牙。由利比里乌斯将军率领的拜占庭军队成功地夺回了前西罗马行省贝蒂卡最繁荣的领土。这次征服伊比利亚半岛南部的战争值得一提，是军事战略上的一个奇迹，只用了相对较小的兵力就取得了胜利。拜占庭的西班牙行省，在近一个世纪的时间一直附属于北非的帝国政府，迦太基或科尔多瓦的一些宗教和民用

查士丁尼在意大利和非洲的战役

帝国将军贝利撒留（Bélisaire）、纳尔泽斯（Narsès）和利比里乌斯（Libérius）在整个东地中海地区进行的闪电战充分体现了查士丁尼皇帝的政治成功和军事复兴。随后帝国军队乘胜追击至意大利、非洲甚至抵达西班牙。皇帝恢复昔日罗马帝国辉煌的梦想得以实现，当时罗马人可以合法地称地中海为"我们的海"（Mare Nostrum）。

在查士丁尼统治的早期，东罗马帝国的经济繁荣，帝国意识形态长足发展。这种有利的局面是各种政策措施带来的，如阿纳斯塔修斯政府所进行的高效财政改革，或在宫廷和艺术领域巧妙实施帝国复兴的宣传方案。这样，东罗马得以巩固了古罗马晚期和拜占庭早期丰功伟绩的基础，并重新收复落入日耳曼人手中的西罗马。更确切地说，是再次征服其最富有的三个行省：非洲、意大利和西班牙的一部分地区。皇帝在平息内部冲突和与波斯人作战的同时，还发动了一场漫长且代价巨大的战争，这场战争在西欧建立起拜占庭帝国的长久威望。因此，拜占庭帝国能够对整个意大利尤其是罗马，乃至中欧产生两个多世纪的深远影响。

插图 地图显示在查士丁尼统治时期，拜占庭军队对意大利和非洲战役所采取的主要战斗路线，这些战役由帝国将军贝利撒留、纳尔泽斯和利比里乌斯指挥。

狄奥多拉皇后

查士丁尼的叔叔查士丁一世废除了禁止不同社会阶层的人结婚的法律后，查士丁尼与狄奥多拉成婚。推测此为狄奥多拉的半身像（米兰斯福尔扎 Sforza 城堡）。

建筑就是证明。同年，即 555 年，意大利终于得到了安定：一个多世纪后，地中海终于再次成为罗马人的良药。查士丁尼和古代伟大的罗马皇帝一样，从此可以在他的政令上加上这些胜利征服带给他的一系列头衔：阿拉曼人（Alamannicus）、哥特人（Gothicus）、法兰克人（Franciscus）、日耳曼人（Germanicus）、阿兰人（Alanicus）、汪达尔人（Vandalicus）、非洲人（Africanus）。

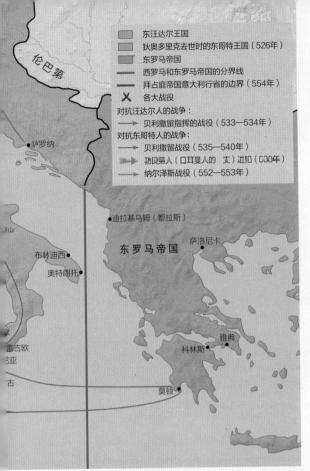

图例：
- 东汪达尔王国
- 狄奥多里克去世时的东哥特王国（526年）
- 东罗马帝国
- 西罗马和东罗马帝国的分界线
- 拜占庭帝国意大利行省的边界（554年）
- ✕ 各大战役
- 对抗汪达尔人的战争：
  - → 贝利撒留指挥的战役（533—534年）
- 对抗东哥特人的战争：
  - → 贝利撒留战役（535—540年）
  - ⇒ 珈贝第人（口耳曼人的一支）进犯（600年）
  - → 纳尔泽斯战役（552—553年）

伦巴第

萨罗纳

迪拉基乌姆（都拉斯）

萨洛尼卡

东罗马帝国

布林迪西
奥特朗托

雷吉欧
亚
古

科林斯

雅典

莫顿

非洲 533年，拜占庭军队在汪达尔人占领的非洲海岸登陆。查士丁尼领导的战争始于击败非洲汪达尔人和阿兰人的最后一位国王盖利默（Gelimer）。

西西里岛 535年，拜占庭将军贝利撒留进攻西西里岛。这位杰出的军事家迅速在与当地军队的战斗中取得了胜利，在帝国的扩张中发挥了关键作用。他立即在西西里岛建立了拜占庭帝国权力基地，这是一个具有战略意义的举措。

向罗马进发 535年至540年期间，拜占庭军队开展了各种军事行动，在意大利半岛上推进，并从哥特人手中夺回意大利。最后，拜占庭人成功地重新收复了西罗马旧都罗马。

意大利战役中止 库斯鲁一世撕毁了532年双方缔结的"永久和平协议"，帝国于540年在东部边境爆发了对波斯人库斯鲁一世的战争，因此意大利战役中止了很长一段时间。

对意大利的控制 纳尔泽斯将军是查士丁尼信任的人之一，他击败了哥特人托蒂拉（Totila），加强了拜占庭帝国在意大利的威望，并最终于552年在意大利建立了拜占庭统治。

西班牙 作为西罗马战役辉煌胜利的完美结局，拜占庭人于555年成功地从西哥特人手中夺取了西班牙南部地区。查士丁尼帝国因此占据了从地中海一端延伸到另一端的大片领土。

东部边境的威胁

然而，查士丁尼的这些成功对帝国东部边境的局势产生了不利影响。由于分别在两块赫斯珀里斯（希腊人称为意大利和西班牙）的遥远土地上进行军事行动，帝国东部边界缺乏兵力。库斯鲁一世的波斯人很快就意识到机会来了，"永久和平"持续时间很短，从540年起，当拜占庭帝国刚刚恢复其对意大利的主权时，安条克和叙利亚领土就被波斯人的入侵所摧毁。

东罗马帝国和萨珊波斯这两个当时的大国，维持着脆弱的政治统治。库斯鲁一世向查士丁尼提出签订另一项协议的要求，但鉴于之前的协议失败，查士丁尼宁愿继续与波斯人进行艰苦的战斗。东部战线在某种程度上相当于对抗西部哥特人的战线，斗争一直持续到 561 年或 562 年（偶尔休战），并耗尽了帝国的资源。又是一次没有赢家的战争。最终，查士丁尼与波斯人达成了新的和平协议，就像之前的和平一样，但实际上意味着供奉更多；查士丁尼不过是用钱换了一个喘息的机会，这样他就可以在西方行动了。

多瑙河边界是东方的另一个冲突地区。尽管设置了强大的防御线，但这个边界一直受到斯拉夫民族的威胁。公元 548 年至 550 年，斯拉夫部落突袭希腊，到达科林斯湾和爱琴海沿岸，无情掠夺了这一地区。贝利撒留失宠前的最后一件事就是遏制在 559 年越过多瑙河并威胁君士坦丁堡的科特格里尔（Cotrigures）匈奴人 [5]。

几年前，查士丁尼还遭遇了更大的困境。起先是首都民众爆发了反抗查士丁尼的统治的抗议，随后内部的骚动演变成尼卡暴乱（532 年），因其最初的战斗口号"尼卡"而得名（希腊语 nika，意为"胜利"）。事件发生在君士坦丁堡的竞技场，该市最有声望的两个派系——蓝派和绿派（互相竞争的对手以及政治团体）——在这里联合起来。

严重的国内问题

帝国当时有四个派系，分属四种颜色：蓝色、绿色、红色和白色。前两个派系势力较大，最终成为主要政派。很有意思的是这些团体来源于体育派别，但又不仅仅是体育派别，还拥有很大的社会影响力，有时通过引发城市暴力来向政府施加压力是他们展现影响力的手段。他们参与神学和政治领域的讨论，支持某某教义或异端（蓝色信奉东正教，而绿色则倾向于一性论），或支持某位皇位候选人。他们影响公众对反蛮族战争或对立法改革的看法。这至少是传统史学的观点，但最近的历史学家们以为他们的政治角色被夸大了。

[5] 匈奴大帝阿提拉死后（453 年），阿提拉的两个儿子和一个旧将把匈奴部落分成了三个主要群体，分别名为诺古尔匈奴、乌特格里尔匈奴和科特格里尔匈奴，三部匈奴分庭抗礼，互不统属。——译者注

独特的官员：宦官的权力

宦官在拜占庭帝国宫廷中特别受重视，他们往往担任着责任重大、深得统治者信赖的职务，因此宦官非常接近帝国权力中心，又往往与宫廷阴谋有联系。

宦官在东罗马宫廷中担任举足轻重的角色。帝国统治者信任宦官，将所有的政府工作和棘手的事务交给他们，因为无后，不用担心他们为后代谋权，也不会在宫廷里有情感纠纷。由于阉人有更多机会获得宫廷职位，许多母亲甚至打算送孩子去当宦官，以保他们在拜占庭帝国行政机构中的地位。一些宦官身居高位，如总领和领帅。宦官厄特罗普（Eutrope）就是很有名的例子。作为阿卡狄乌斯皇帝的宠臣，厄特罗普在宫廷中有巨大影响力，甚至能够决定帝国的外交政策，直至皇后尤多西娅（Eudoxie）夺走了他的权力。

插图　厄特罗普半身像，制作于5世纪的这座雕像，展现了这位著名的宦官。他从狄奥多西大帝的儿子手中获得了极大的权力（维也纳艺术史博物馆）。

不管怎样，查士丁尼还是靠着蓝派登上了王位。意识到这些团体的影响力，他试图采取限制措施来限制他们的影响。我们可以回想一下，赞成"一性论"的皇帝阿纳斯塔修斯一世曾依靠绿派来推广这种宗教教义，即使他同时做出了不受欢迎的禁止马戏团比赛的决定。与他一样，查士丁尼既得到了各派的支持，又引起了各派的反对：与他们达成协议对于满足君士坦丁堡民众和保证统治稳定至关重要。

531年，在战车比赛中敌对帮派之间爆发惨烈斗殴，尼卡暴乱便是在那之后发生。皇帝赦免了肇事者，因为他更关心与波斯人的和平谈判，更关心执政官约翰·德·卡帕多西亚（Jean de Cappadoce）为了征服行动加税而引起的社会紧张。大家决定在马戏团举行和解庆祝活动。532年1月13日，愤怒和不安的人们来到竞技场观看比赛。查士丁尼在邻近的宫殿里主持集会，受到人群的侮辱。

在最后一场比赛中，蓝绿两派联合起来反对皇帝，暴徒试图袭击宫殿。查士丁尼以为自己要遭殃了，试图逃跑。但是，据说皇后狄奥多拉劝阻了他。她不想失去皇后位置，她说服皇帝他不应该在对抗时逃生。暴乱的激烈程度前所未有，城市的很大一部分及其古迹被摧毁，圣索菲亚教堂也被破坏。教堂重建时造了一个圆顶，几个世纪以来，这座圆顶教堂成为基督教世界最大的教堂，也是世界上最大的教堂。

这场暴乱得到了反对查士丁尼的元老们的支持。暴乱者要求罢免不受欢迎的行政长官，并宣布阿纳斯塔修斯一世的侄子希帕斯（Hypace）为新皇帝。纳尔泽斯和贝利撒留假装谈判拖延时间，以便他们组织围攻暴徒聚集的竞技场。暴乱以血洗结束。估计有三万人被屠杀，查士丁尼重新控制了都城。皇帝不想废掉他信任的行政长官约翰·卡帕多西亚，因为卡帕多西亚主张的经济措施（发展工业；建立对丝绸、航运路线的垄断以及与远东和非洲的商业联系；加强中产阶级城市商人和航海家）对于资助帝国以外的军事行动至关重要。

与此同时，其他困扰皇帝的问题也出现了，可怕的瘟疫和在541年摧毁首都的饥荒，还有与东方帝国各种异端的神学争论。重建之际，帝国未来所面临困难的阴影开始隐现，如东部边境几个民族的紧张局势威胁到贸易路线。当时，拜占庭帝国与远东、印度和中国建立了贸易关系。君士坦丁堡有大量的东方奢侈品，还有地理著作，比如科斯马斯·印第科普莱特斯（Cosmas Indicopleustès）[6]所写的《基督教诸国图志》（*Topographia Christiana*），这些都证实了这一点。

---

[6] Indicopleustès 是个译名，意为"去过印度的人"，因科斯马斯是个商人，去过印度。此处翻译用了音译。——译者注

建筑发展

　　查士丁尼的统治是东罗马帝国历史上的一个转折点，这位君主体现了拜占庭的所有辉煌。这在很多方面都得以体现。他的名字与各种璀璨的成就联系在一起，这些成就为后代留下了宝贵的遗产：恢复罗马帝国，武力征服地中海，编纂大量立法文本（其影响将是相当大的），与远东建立贸易关系，并美化首都的建筑。

　　查士丁尼的"新罗马"比君士坦丁建立的城市要大得多，成为当时全世界人口最多的城市。美化首都是查士丁尼宣传计划的一部分。君士坦丁已经建造了一座比古希腊城市大五倍的城市，在古代拜占庭的中心建造了一个奥古斯都大广场。在那

波斯敌人

　　波斯国王库斯鲁一世破坏了"永久和平"协议，使意大利的重新征服一度陷入瘫痪。拜占庭军队不得不应对帝国东部边界的防御。这件7世纪的萨珊王朝金器展现了狩猎的场景（巴黎国家图书馆）。

竞技场，表达民意的场所

罗马共和国和公国统治时期，距今已经很遥远了。几个世纪以来，古罗马咨询公众意见的方法已经过时。帝国的宣传早就学会了通过另一种方式来赢得人民的喜爱：公开表演。

竞技场在"新罗马"中具有特殊意义。从其位置靠近皇宫便可见这个休闲和群众聚会场所的重要。公众在竞技场的态度往往能够反映民众心态。民众因支持不同竞争者而形成派系（按颜色分组），经研究这些派系成为早期拜占庭政治波动的关键因素。执政官、行政长官和皇帝争相为民众提供最好的表演。民众可以表达他们的满意或不满，有时甚至诉诸暴力。

插图 阿纳斯塔修斯一世双联画的细节，6世纪的作品（巴黎国家图书馆）。

文物和医药

拜占庭人坚信文物具有治疗功效。然而，无论是信仰还是医学都无法阻止查士丁尼时代肆虐君士坦丁堡的可怕瘟疫。这个7世纪的瓶子上装饰着圣梅纳斯（Ménas）的形象，是在埃及烈士圣殿发现的（雅典拜占庭博物馆）。

之后，查士丁尼在首都又建造了一些著名的建筑物。

君士坦丁堡的大部分重要建筑物均建于君士坦丁时代和查士丁尼时代。在奥古斯都广场的东边建有元老院和马格瑙尔宫（Magnaure），后来成为狄奥多西二世大学所在地；南边建有皇宫，皇宫旁边是可容纳八万多观众的大型竞技场。宫殿之外矗立着宏伟的圣索菲亚大教堂，这是有史以来建造的最好的宗教建筑，是拜占庭政权的支柱。

查士丁尼时期的建筑异常精美，大教堂和圣使徒教堂成为新拜占庭建筑和艺术风格的典范，这一建筑风格影响从西西里岛一直延伸至包括俄罗斯在内的整个欧

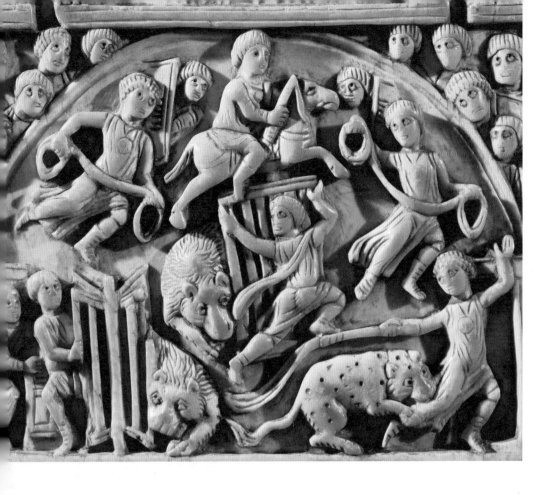

洲。需要记住，在查士丁尼时期，还有其他重要建筑在首都以外，例如西奈山上的圣凯瑟琳修道院及以弗所的圣约翰大教堂。帝国的建筑风格也影响了帝国的其他地方，包括拉文纳著名的圣维塔大教堂。

君士坦丁堡的南边面向普罗庞提斯海（现在的马尔马拉海），人口比北部少，但也被城墙包围。梅塞大道穿过城市的南段，越过君士坦丁堡的第七座山丘［克塞罗福斯区（Xerolophos）］，在那里与古罗马时代的埃格纳蒂亚大道（via Egnatia）相连，并通过坚固的金门穿过巨大的双城墙。不远处是另一座享誉盛名的建筑——埃夫多蒙宫，是历来皇帝加冕之处。名为"长廊"的南

西奈的圣凯瑟琳和修道院的兴起

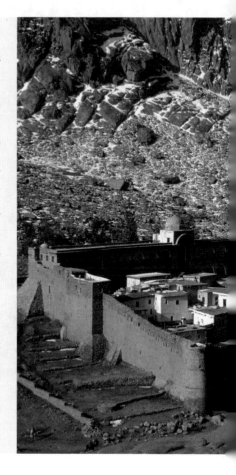

　　相传，君士坦丁大帝的母亲，君士坦丁堡有影响力的海伦娜，后来被载入史册的圣赫勒拿，下令在《圣经》《出埃及记》记载摩西与上帝交谈的地方建造一座小教堂。后来，在查士丁尼统治期间，于埃及的西奈山上建造了世界上最古老的变容修道院，也就是著名的西奈圣凯瑟琳修道院。

　　修道院的建造归功于皇帝。查士丁尼下令扩建古老的教堂，就在摩西看到荆棘燃烧的地方。从马其顿的阿索斯山到西西里岛和卡拉布里亚，他在整个拜占庭帝国建立了一系列修道院，后来延续几个世纪。西奈修道院很快就献给了亚历山大的圣凯瑟琳。这位古代晚期的基督教殉道者有种超凡的学识。她的传说可能受到亚历山大异教哲学家和数学家希帕蒂娅（350—415年）被谋杀的启发。直到7世纪，修道院不仅吸引了修士（群居），还吸引了隐士（独居）。它成为东正教基督徒的传统朝圣地。即使在伊斯兰征服之后，修道院仍继续安置修道士，他们可以阅读价值不可估量的基督教手稿。德国语言学家康斯坦丁·冯·蒂申多夫（Konstantin von Tischendorf）于1844年在那里发现了《西奈法典》（Codex Sinaiticus），这是一部4世纪的手稿，也是最古老的几乎完整的希腊语《圣经》。

北轴线（Makros Embolos）穿过塞普蒂米乌斯·西弗勒斯城墙和君士坦丁城墙之间的梅塞大道，将半岛南部的港口与北部的港口连接起来。沿着金角海岸建立起新的防御工事，以保护居民社区，他们属于东方和西方的各个民族，拥有自己的作坊或商船。北部的两个港口保证了城市的商品供应，金角湾非常安全，面向佩拉殖民地；南部的三个港口位于马尔马拉海。

　　查士丁尼时代见证了君士坦丁堡的辉煌。这个时期军事征服和城市美化的历史，以及罗马法的修改都被载

西奈的全能者基督像 圣凯瑟琳修道院著名的基督圣像，长期以来一直是拜占庭和东正教艺术家的基督圣像范本。

入史册。过去采用的许多法规相互重叠，有时相互矛盾，因此迫切需要进行改革。529 年，在法学家特里波尼安（Tribonien）主持下，《查士丁尼法典》的第一版出版了。533 年，在法典之后出版了《判例汇编》（也被称为《学说汇纂》），这是罗马法学家的论著汇编。同年年底，一本名为《法学纲要》[7]的法律手册出版，手册汇集了两套法律体系的精选文本。

法典都用拉丁文撰写，拉丁语是拜占庭帝国行政部

[7] Institutes，另译《法学阶梯》。——译者注

圣索菲亚大教堂
（第 78—79 页）

查士丁尼时期建造的圣索菲亚大教堂，宏伟的罗纹圆顶是拜占庭建筑的奇迹。原来的圆顶在几次地震中被毁，562 年，首任建筑师的侄子小伊西多尔（Isidore）重建了圆顶，几个世纪以来，它一直无与伦比，直到佛罗伦萨大教堂的圆顶建成。

罗马法和拜占庭法学著作

拜占庭法从罗马法中继承了主要法律。狄奥多西二世和查士丁尼皇帝组织进行最重要的法典编纂工作。之前所有的拜占庭法学著作都是按照罗马的传统，用拉丁文撰写。拜占庭帝国法典的编纂用希腊文取代了拉丁文，如《巴西尔法典》（*les Basiliques*）。

438年，狄奥多西二世颁布了《狄奥多西法典》，16卷汇集了基督教皇帝的法律，从家庭法到宗教条例，涉及各种主题。《查士丁尼法典》是《民法大全》（*Corpus Iuris Civilis*）（还包括《法学纲要》和《判例汇编》）的一个部分，汇编了在帝国生效的所有法律。《查士丁尼法典》于529年4月7日首次颁布。《查士丁尼法典修订版》于534年11月17日问世。这部卷帙浩繁的法典由小亚细亚马尔代特人特里波尼安为首的10位法学家组成的编委会负责编纂，特里波尼安不仅是法学家，也是历史学家。该法典对中世纪乃至后世的法律产生了深远影响。另外，拜占庭法律的主要来源是皇帝们的敕令，例如编入《新律》（*les Novelles*，或 *nouvelles lois*）的敕令。值得一提的还有利奥三世的《法律选编》（*l'Écloga*），这是726年发布的对拜占庭法律加以修订的法律简编。

插图 《查士丁尼法典》，13世纪副本的一页（维罗纳牧师会图书馆）。

门的官方语言，也可能是查士丁尼时代的官方语言。事实上，根据历史学家普罗科皮乌斯（Procope）的观点，皇帝不擅长希腊语。此外，《新律》出版，汇编了用希腊文编写的新条款，补充了查士丁尼的立法者作《民法大全》（*Corpus Iuris Civilis*）。这套法学集丛的重要影响超越了拜占庭帝国：在中世纪的西罗马，它是博洛尼亚大学（Bologne）注释法学派（l'École des glossateurs）研究最多的法典，对整个欧洲的法律产生了深远影响，直至《拿破仑法典》编撰完成。

查士丁尼统治下的帝国和宗教

查士丁尼统治政策的特点是强化"政教合一"。他与狄奥多西的施政方式截然不同：他在教会中使用特权，并对教会产生非凡的影响力。他成为"皇帝-教权主义"（cesaropapisme）的典型人物，把政治权力和宗教力量集于一身。

查士丁尼捍卫其所继承的两大政治理念。一方面，作为罗马帝国历代开疆拓土伟大皇帝的继承人，他秉承帝国理念；另一方面，他促进基督教东正教化，因为他自认为是真正信仰的捍卫者，反对一切固不可彻的邪说异教。这种双重的政治理念基础是一把"双刃剑"，被后来的拜占庭统治者用来进行精神操控和行使世俗权力。应该补充的是，查士丁尼想终结古希腊异教文化的想法由来已久，于是他在529年下令关闭了雅典柏拉图学园。摧毁卡辛山上（le mont Cassin）的阿波罗神庙后，同年建起努西亚的圣本笃修道院（Benoit de Nursie）。因此，史学界认为这一时期是古代和中世纪的过渡时期。柏拉图式教育已在学园里持续了近千年，保留了古希腊异教文化的火种。新柏拉图学派哲学家不得不在基督教化和流放之间做出选择。他们中的一些人，如达马修斯（Damascius）和辛普利修斯（Simplicius），于532年在波斯首都泰西封的宫廷中获得临时庇护。在中东出现的新柏拉图主义，后来也传入了伊斯兰世界。库斯鲁国王欢迎这些哲学家，但他们并不适应波斯的生活。他们能够回到拜占庭帝国，而不会因他们的思想受到追究。在540年至550年间，约有十万名异教徒在小亚细亚接受洗礼。然而，尽管受到火刑等迫害，异教仍然在埃及和叙利亚等地，而且在帝国的周边地区继续存在。

宗教纠纷

在4世纪至6世纪，召开了一系列全基督教主教会议，解决了激烈的宗教争端。如关于"一性论"派、聂斯托利派和"一志论"（monothélisme）[8] 的争论。这幅表现君士坦丁堡主教会议的圣像画是俄罗斯诺夫哥罗德学校的作品（巴黎美术博物馆）。

在反对异端邪说的斗争中，对西罗马信仰阿里乌教派的日耳曼王国的征服，或对埃及南部大片地区的传教，偶尔实行与"一性论"派调和的政策，但最终以失败告终。皇帝曾在皇后的建议下试图与"一性论"派和解，但遭遇了东正教教会的反对。查士丁尼于553年召开第五次主教会议，即第二次君士坦丁堡大公会议，在这次会议上，他清楚地表现出"皇帝-教权主义"的倾向。

543年，查士丁尼要求所有教会人士赞同其发布的名为"三章"（Trois Chapitres）的敕令。在敕令中，他试图通过谴责已被加尔西顿会议接受的聂斯托利派来使"一性论"派满意。西方教会代表——教皇维吉利（Vigile）拒绝

[8] 基督论学说之一，主张耶稣基督只有一个上帝的意志，而不同时具有人的意志。此说后被宣布为异端。——译者注

了这一谴责，但查士丁尼迫使他支持该敕令。教皇和皇帝之间的权力较量在第二次君士坦丁堡公会议上结束，在查士丁尼的施压下，会议宣布支持"三章"，教皇必须批准。

皇帝希望实现"政教合一"，如同他的前任皇帝狄奥多西一世，依靠东正教基督教来加强皇权。查士丁尼树立自己至高无上的宗教权威，君权神授。在意识形态上，他的统治可以概括为以下信条："一个罗马帝国，一部法典和一个教会。"这一信条后来在拜占庭帝国意识形态中留下了深深的烙印。总之，查士丁尼统治时期是拜占庭文明的巅峰时期之一，查士丁尼开创了一个新的历史阶段，对后世产生了深远影响。

伊琳娜女皇

10世纪，君士坦丁堡的工匠们为威尼斯城制作的金银制品，威尼斯圣马可教堂博物馆）。

插图（右侧）来自塞浦路斯凯里尼亚（Kyrenia）的7世纪银盘，描绘的是一位圣徒勇士（伦敦大英博物馆）。

霸权地位受到威胁

─────────────── ∽ ───────────────

　　7 世纪，东罗马帝国的政治格局发生变化。虽然拜占庭帝国仍以罗马帝国传统为基础，但呈现出受希腊文化影响的新面貌。在希拉克略皇帝的统治下，行政制度和权力体制发生了变革。君士坦丁堡经历了一次政权恢复。到了 9 世纪，西罗马帝国最终获得独立。

─────────────── ∽ ───────────────

565 年 11 月 15 日，查士丁尼去世。在他去世前，曾表示希望由侄子查士丁继承皇位。他的这位侄子在位至 578 年，被称为查士丁二世——小查士丁，以区别于查士丁一世。查士丁尼拥有杰出的人格，他的去世给其继任者留下了难以填补的空白。另外，查士丁继承了一个财政状况不稳定的帝位。查士丁尼时代的长年征战留下了难以治愈的可怕后遗症。征战使东罗马帝国需要承担大量的军事和行政职

帝国危机及其复兴

565—602年

莫里斯执政后 莫里斯皇帝所征服的领土不能完全保留。

602—610年

陷于崩溃的8年 在福卡斯皇帝统治时期，丧失了更多的领土，内战使帝国四分五裂。

614年

希拉克略和波斯人 希拉克略登基不久，波斯人入侵拜占庭领土，占领了耶路撒冷，并夺取了"真十字架"圣物。

627—630年

帝国重振雄风 627年，拜占庭军队在尼尼微战役中击溃了波斯人。希拉克略于630年夺回了"真十字架"圣物，并再次开始开疆拓土。

636年

阿拉伯人入侵 阿拉伯人在雅穆克河战役中首次击败拜占庭军队。这是拜占庭动荡年代的开端。

拜占庭宫廷的残暴

从6世纪开始，拜占庭宫廷就因其残暴而臭名昭著。宫廷斗争和篡夺皇位往往导致暴行。最常见的酷刑有挖目、削鼻、割耳和阉割生殖器。

福卡斯推翻了莫里斯的统治，开创了铲除前任皇帝后代的先河。福卡斯自己在遭受羞辱和虐打后，也死于酷刑。安德洛尼卡一世（Andronic Ier）遭受了同样的命运。受排挤的政客被削鼻或割耳是很常见的。查士丁尼二世被施劓刑，当他重登皇位时不得不戴一个金鼻子。伊琳娜女皇废黜了反对她的儿子君士坦丁六世，并弄瞎了他的眼睛。据说这些酷刑都来自蛮族，也许是波斯人，但肯定使拜占庭帝国永远打上了残暴的印记。

插图 《斯凯利茨手抄本》中的一页，显示了贵族阿鲁西诺斯（Alousianos）通过割鼻和挖目来残害保加利亚皇帝彼得·德尔扬（Peter Deljan）的情节（马德里国家图书馆）。

责，这已超出了帝国的管控能力范围。捍卫已征服的领土也需要付出巨大的代价，而帝国的北部和东部也面临新的威胁。查士丁尼去世后，拜占庭帝国日渐衰落。帝国领土开始被侵吞，如伦巴德人占领了意大利。帝国不得不对斯拉夫人、阿瓦尔人和波斯人发动战争。

查士丁二世希望结束向边境蛮族贿赂以维护和平的做法。这一决定产生了严重后果：558年与阿瓦尔人的协议终止时，邻近的伦巴德人部落向西迁移。568年，信仰阿里乌斯教派的伦巴德人摧毁了意大利北部，并入侵了从那时起被称为伦巴第区的领土。拉文纳勉强躲过了他们的侵略。同时，与波斯人谈

判的破裂也引发了战争，拜占庭人在这场战争中严重失利，573 年达拉要塞失守。

最后的查士丁尼家族

根据主教和历史学家以弗所的记载，查士丁二世生前最后几年一直受精神疾病困扰。据说，波斯战场上的败北以及巴尔干地区阿瓦尔人的进攻，对查士丁二世的精神造成了伤害。皇帝患有癫痫和痉挛，仿佛"被恶灵附身"。他的妻子索菲亚不得不在宫殿的窗户上安装栅栏，并派强壮的、可以制服皇帝的内侍来看管他。查士丁咬伤了其中几个人，"皇帝吞食其侍从"的谣言由此而生。为了控制他的疯狂举动，还使用了一种带轮子的宝座，皇帝坐在上面被推着在皇宫里移动。索菲亚用一大笔钱与波斯人达成了新的和平协议。最终，在574年，应索菲亚的要求，查士丁二世在神志清醒的时刻，任命提比略将军为其皇位继承人并让位。他做了一个感人肺腑的最后演讲，以弗所的约翰也记载了这件事。

提比略二世从578年起即位。他指挥军队对抗波斯人，并在查士丁二世无法继续执政的4年里以摄政王的身份表现出卓越的政治才能。提比略二世重新对阿瓦尔人采取安抚政策。同时，他取得了巨大的军事成就，在与伦巴德人的对抗中，他保卫了属于拜占庭领土的罗马。伦巴德人占领了波河流域，并不断吞并拜占庭在意大利的领土。但提比略二世与法兰克王希尔德贝尔特二世之间的及时结盟有效遏制了伦巴德人。提比略二世在捍卫西部领土上做出了巨大努力：他与西班牙的西哥特人签订协议，并在非洲北部击败了柏柏尔人。他保护了与波斯帝国接壤的边境，但却无法避免从他统治之初就出现的第一波斯拉夫移民涌入帝国，特别是大量迁入巴尔干地区的移民。

582年提比略二世去世后，他的女婿莫里斯，一位曾与波斯人英勇作战的卓越将军，继承了皇位。他的统治状况是通过历史学家塞奥菲拉克特·西莫卡塔（Theophylact Simocatta）为公众所知。

军人出身的莫里斯采取非常有效的措施保卫了帝国的边境。他甚至被认为著有一篇关于战争策略的专论，即《战略学》（le Strategikon）。在查士丁二世统治时期，莫里斯在担任帝国卫队队长（comes excubitorum）之后，升任对抗波斯的统帅。他一上任，就在对抗波斯人的战斗中立下卓越功勋。他将帝国边境向东推进，并通过军事胜利和政治手腕巩固边境。他通过支持库斯鲁二世（Khosro Ⅱ）干预波斯的内部权力斗争。库斯鲁二世与拜占庭皇帝女儿的联姻，巩固了这两位统治者之间的友谊。和约将波斯属亚美尼亚和美索不达米亚东部的地区移交给了莫里斯，并取消了帝国必须向波斯人纳贡的条款。从此，莫里斯可以将注意力集中在巴尔干地区和西方事务上，他能够全身心地投入对抗阿瓦尔人和斯拉夫人的斗争中，并最终把他们击退至多瑙河对岸。至于西部领土，他进行了有效的行政改革，在意大利和非洲建立了两大自治行省辖区（由总督负责管理），以简化帝国管理，使其

古典文学传播和抄写技艺

在拜占庭时期，希腊–拉丁语文化遗产通过抄写手稿得以保存和传播。东罗马帝国的语言是希腊语，尽管行政部门使用拉丁语。几个世纪以来手抄作品主要是希腊古典传统的著作：荷马、欧里庇得斯、索福克勒斯、柏拉图或亚里士多德的作品。拜占庭的抄写员将这些作品抄录成珍贵的典籍。

君士坦斯二世在君士坦丁堡建了一个图书馆和一个皇家抄写室，用来手抄典籍。不幸的是，475年的一场大火严重损坏了这批典籍。手稿抄写在7世纪相对停滞，但在8世纪得以复兴，尤其是在787年重新短暂建立起对圣像的崇拜之后。修道院成为抄写中心，而拜占庭小写字体的使用代表了一种伟大创新。乌斯宾斯基（Psauter Uspenski）诗篇（862—863年）是最早用这种字体写成的手稿之一，该字体促进了知识的传播。马其顿文艺复兴时期，有名望的智者如牧首佛提乌（Photios），支持手稿的制作。这些手稿后来将古希腊知识传到文艺复兴的欧洲。

插图 10世纪拜占庭小彩画，描绘的是圣路加（雅典国家图书馆）。

更有效率，尽管这两大行省离首都很远。在属于拜占庭帝国西班牙行省的卡塔赫纳（Carthago Nova）发现的铭文遗迹，证明了莫里斯对帝国的有效统治。

颇具讽刺意味的是，这位骁勇善战的皇帝的统治因一场军事叛乱结束。这场叛乱由多瑙河对岸军队分化瓦解出来的部分人心生不满而引起，他们不得不进行一场严酷的冬季战役来征服蛮族。602 年，在福卡斯将军的指挥下，叛乱爆发，他要求莫里斯退位，多瑙河军队宣布其为皇帝。同时，首都的骚乱迫使皇帝与皇室成员在加尔西顿附近的一个小岛上避难。福卡斯终于进驻君士坦丁堡，并被城中绿派宣布为皇帝。在强迫莫里斯目睹其 6 个儿子被处决后，福卡斯毫无征兆地处死了莫里斯。篡位者要确保莫里斯的后代不能报仇或夺取皇位。莫里斯统治的这一血腥结局打破了元老院内部长期以来对暴力的禁忌。这也引起了整个帝国的骚乱：库斯鲁二世统治的波斯帝国重新对拜占庭开展敌对行动，库斯鲁国王和莫里斯之间的个人关系消失殆尽，而阿瓦尔人则借混乱之势在边境发动新的进攻。

福卡斯的残暴统治

新的皇帝，篡位者福卡斯，是一个出身不详的军人。他只在位 8 年，在此期间，帝国的对外政策和内部和谐开始崩溃。史料记载大多对福卡斯充满敌意，把他描述成一个暴君、一个邪恶的人和一个无统治才能的皇帝。他的残忍是无底线的：他毫不犹豫地对聚集在竞技场言行鲁莽的民众大开杀戒。

福卡斯在绿派和蓝派之间摇摆不定，并任命了一位不受欢迎的行政长官，这使首都陷入严重的混乱。在西方，拉文纳和非洲的总督则在没有中央政权的监管下进行统治。在帝国东部，美索不达米亚北部和亚美尼亚则重新归库斯鲁二世管辖。

整个帝国的不满情绪正在蔓延。重权在握和影响巨大的总督们背叛了福卡斯。608 年，非洲总督希拉克略（Héraclius）起义反对福卡斯皇帝，皇帝试图镇压叛乱，但告失败。由于帝国的混乱形势，这次叛乱最终演变成一场旨在罢黜皇帝的全面内战，这在拜占庭帝国是史无前例的。总督希拉克略的儿子，与他父亲同名，率领一支远征军穿越拜占庭广阔疆土，首先来到西西里岛和塞浦路斯。战争蔓延至埃及、叙利亚和巴勒斯坦，在埃及尤为激烈。在小亚细亚也发生了内战。在首都，绿

派和蓝派分别代表非洲叛军和福卡斯的忠实拥护者进行战斗。

　　最后，小希拉克略乘船胜利抵达君士坦丁堡。这引发了拜占庭军队和贵族的大规模变节。他们抛弃了福卡斯阵营，转而加入希拉克略阵营，希拉克略立即被宣布为皇帝。根据科普特主教尼基乌的约翰（Jean de Nikiou）所著编年史，希拉克略以极其残酷的方式将福卡斯处死：他被阉割、剥皮，尸体被焚烧，又被斩首示众。后世从这部编年史和约翰·马拉拉斯（Jean Mala las）的编年史中得知，福卡斯的黑暗统治恰好是拜占庭帝国的巨大转变时期。帝国的国际影响力减弱，未来与罗马教会分裂的种子也就此萌芽。

竞技场的派别

　　战车手波菲利乌斯（Porphyrius）生活在5世纪末6世纪初，属于莫里斯、福卡斯和希拉克略的统治时期。他可以代表绿派和蓝派参赛，两派为他参加战车比赛而争吵。上图为7座雕像其中一座的底座局部，为致敬这位在君士坦丁堡竞技场受欢迎的英雄而建（伊斯坦布尔考古博物馆）。

与罗马的第一次冲突

政教合一是拜占庭帝国权力的特征，在提比略二世、莫里斯和福卡斯的统治下得到加强。7世纪初，在以教皇为首的罗马教会和以君士坦丁堡牧首领导的东正教会的主导地位上出现了争议。这些争议有时通过烦琐的神学研究来体现，有时则体现为在教会教义和等级制度中明确其主导地位。

梅纳斯（Mennas）于536年首次使用"普世牧首"的称号，后来由牧首约翰四世（582—595年）沿用。根据加尔西顿大公会议的第28条教规，君士坦丁堡牧首西里亚库斯二世（Cyriaque Ⅱ）（595—606年）再次使用该称号，这激起了教宗格里高利一世（Gregoire Ⅰer le Grand）（590—604年）的愤怒。这位精力充沛的教皇早在提比略二世统治时期，就已经与牧首优西米乌斯（Euthychius）关于肉体复活后身体无形的教义争论过。他在皇帝面前引用《福音书》中关于基督复活的片段抨击了这一教义。罗马教皇在与牧首的较量中未能占上风，直到福卡斯夺取皇位。福卡斯屈服于教皇波尼法斯三世（Boniface Ⅲ），他发表声明，禁止牧首自称"普世牧首"，并确认了罗马教会的主导地位。

蓬勃发展的文化

许多历史学家和编年史作者使我们能够充分了解后查士丁尼时代文化领域的成就。拜占庭作家塞奥菲拉克特·西莫卡塔的作品提供了关于波斯人和斯拉夫人的大量信息。其他著名作家如狄奥法内斯（Theophanes）、米勒的赫西基奥斯（Hesychios de Milet）和神学院修士埃瓦格留斯（Evagre）同样让我们受益匪浅。佚名作者的《复活节编年史》记载了关于莫里斯统治的资料。地理学家希罗克利斯（Hierocles）则为了解帝国的政治和行政状况留下了宝贵的地理目录。诗歌在东罗马蓬勃发展，以加沙的约翰（Jean de Gaza）为代表的加沙诗派就是最好的证明。埃及在诗歌尤为突出，诗人们延续了帕诺波利斯的诺诺苏斯（Nonnos de Panopolis）的诗歌风格，如穆斯（Musée）、科鲁托斯·利科波利斯（Collouthos de Lycopolis）和科普托斯的克里斯托多（Christodore de Coptos）。赛托波利斯的西里尔（Cyrille de Scythopolis）和雷图的约翰（Jean de Raithu）或约翰·莫斯库斯（Jean

Moschos）的《精神的牧场》（*Pré spirituel*）为我们提供了值得赞叹的圣徒传记作品和禁欲主义文学。这些作者从古代关于沙漠祖先和东方基督教圣人的生活和言论的作品中得到启发。

希腊文学有长足的发展，它见证了当时语言的转变。一些希腊作家如普罗科皮乌斯和穆斯继续模仿古典文学，而其他一些作家，如约翰·马拉拉斯，在写作中使用了更多的现代语言。帝国还使用其他书写语言。有一些双语作者，如诗人迪奥克斯·阿佛洛狄忒（Dioscore d'Aphrodite），他使用科普特语。科普特语和古叙利亚语文学的发展与帝国"一性论"派地区的文化和神学独立化同时进行。修道院院长申努特（Shenoute）因其在科普特语上的成就而闻名。叙利亚作家包括萨鲁格的雅克（Jacques de Saroug）、纳尔赛（Narsai）、尼尼微的伊萨克（Isaac de Ninive）、埃德萨的雅克（Jacques d'Edesse）和以弗所的约翰（《东方圣徒传》的作者）。东罗马也出现了拉丁文诗，如诗人科利普斯（Corippe）为纪念和颂扬查士丁尼时代的一位将军［《约翰尼斯》（*Iohanneis*）］和查士丁二世［《查士丁颂》（*Inlaudem Justiniminoris*）］而写的拉丁文诗。

在君士坦丁堡，拉丁语作为古老帝国的官方语言保留着一定的威望。在阿那斯塔修斯统治时期，随着普里西恩（Priscien）（著名的《拉丁语语法》以及一些韵文诗的作者）的作品和马塞利努斯伯爵（Marcellin）的《年鉴》（*Annales*）（他于6世纪中叶在首都撰写）的出现，拉丁语得到复兴。

迈向希腊帝国

后查士丁尼时代和7世纪的政治危机引起了艺术创作的变化，例如，在萨洛尼卡的圣德米特里教堂的马赛克中可以看到这一点。前期民用和宗教宏伟建筑时代接近尾声。另外，马赛克技术和宗教圣像艺术日益完善。这一时期的特点是对神奇偶像（acheiropoïète，即"非手工制作"）的崇拜，以及越来越具有希腊东方特色的宗教信仰。

在福卡斯统治末期至希拉克略统治初期发生了变化：有几个迹象表明，随着东罗马帝国变为一个希腊帝国，人们对拜占庭身份的认知发生了转变。例如，福卡斯

萨洛尼卡：希腊、罗马和拜占庭城市

马其顿的卡桑德拉（Cassandre）在公元前 315 年建立了这座城市，并用妻子萨洛尼卡的名字来命名，后者为腓力二世的女儿，即亚历山大大帝的妹妹。萨洛尼卡位于交通要塞的交叉口。死于马克西米安皇帝统治时期的殉道者圣德米特里成为该城市的保护主，在圣德米特里的佑护下，萨洛尼卡在上古晚期和拜占庭时期持续繁荣。

连接东西罗马帝国的埃格纳蒂亚大道，从君士坦丁堡一直延伸到迪拉基乌姆。它促使萨洛尼卡成为文化、商业和政治中心。这座城市是东罗马帝国的主要港口之一，长期以来一直是庞大的犹太教和基督教社区的所在地，使徒圣保罗的《给萨洛尼卡人的信》或《萨洛尼卡敕令》就是证明，皇帝狄奥多西通过该敕令宣布尼西亚基督教为帝国的宗教。另外，由于靠近阿索斯山的修道院，该城市成为一流的宗教和文化中心。尤斯塔斯（Eustache）大主教在这里写了对荷马作品的评论。然而，该城市位于希腊北部的地理位置使其遭受不同蛮族的入侵。它在904年被撒拉逊人占领，1185年被诺曼人占领。后来，在拉丁帝国时期，它是博尼法斯·蒙特费拉（Boniface de Montferrat）统治的西部王朝所在地，直到它落入伊庇鲁斯的希腊人手中，然后归属于以君士坦丁堡为首都的帕莱奥洛戈斯王朝（Paléologues）。它在拜占庭首都沦陷前不久被土耳其人攻占。

插图 萨洛尼卡的圣德米特里教堂的地下室，保留着罗马浴场的遗迹（4世纪）。

"巴西尔"的头衔

从希拉克略统治时期开始，拉丁名词"皇帝"和"奥古斯都"（以及它们的希腊对等词）被希腊头衔"巴西尔"代替。即使是一位女性在位也用这个头衔，就像伊琳娜一样。上图是伊琳娜女皇的肖像，上面刻有帝国头衔（大英博物馆，伦敦）。

是最后一位使用罗马奥古斯都头衔的皇帝，传统上这一头衔授予登上帝国宝座的皇帝。这一变化是帝国向希腊君主政体演变的有力证明，由"巴西尔"（basileus，希腊语中的"国王"）统治，这一词从希拉克略统治开始便最常出现在编年史中。在硬币上，皇帝和奥古斯都的传统头衔（及其希腊语 Autokrator 和 Sebastos）逐渐被希腊语"巴西尔"所取代，后者相当于"皇帝"。

皇帝希拉克略一世在取得军事胜利后，于629年正式获得巴西尔的头衔。这个词以前可能在日常语言中用来表示君主，但没有出现在官方

圣德米特里的马赛克

　　根据传说，德米特里是马克西米安皇帝统治时期的一名高级军官，由于捍卫自己的基督教信仰而死。

　　插图　这位伟大的殉道者被主教约翰和总督莱昂斯围绕。7世纪作品（萨洛尼卡圣德米特里教堂）。

行政文件中。几个世纪以来，拉丁文一直被用作法律文本（例如狄奥多西二世或查士丁尼的法律）、官方铭文和悼词中的官方语言，尤其是用于皇室头衔和各种宫廷职位 [9]。拜占庭帝国用此表明它是罗马帝国的延续。然而，从希拉克略开始，希腊语在行政管理中的使用变得普遍，而拉丁语逐渐被抛弃。一些人认为，福卡斯和希拉克略统治之间的过渡，标志着古罗马精神的终结和拜占庭中世纪的开始。

真十字架的遗物（第97页）

　　十字架，最珍贵的遗物，被波斯人窃取。希拉克略在628年9月14日的一个仪式上把它带回了耶路撒冷。从那时起，这一天就出现在礼拜日历上，作为举荣圣架节。10世纪在君士坦丁堡制作的圣十字架圣物盒，后来被十字军偷走（拉恩河畔林堡大教堂珍藏）。

---

[9] 这里原文列出的宫廷职位有——庭令使者或礼仪官（silentiarius）、佩剑侍卫或御前亲卫（spatharius）、宫廷内侍（cubicularius）、统帅或军务长官（magister militum）、禁卫或哨卫（excubitores）。——译者注

然而，这个帝国实际上从未称自己的领土为"拜占庭"，而是仍然称为"罗马"。它的居民继续称自己为"罗马人"（rhomaioi），认为自己是古罗马帝国在希腊世界的继承人。

在希拉克略的继任者统治下，这个希腊头衔出现在硬币上，在 629 年 11 月 8 日的法令中使用（也被称为《新律》，以狄奥多西二世之后的拜占庭帝国宪法命名）。8 世纪和 9 世纪，人们开始把普世君主制的在位皇帝称为"巴西尔"。从 9 世纪开始，东方的头衔扩展为 Basileus ton rhomaion，即"罗马人的国王"。因此，当查理曼登上西方帝国的宝座时，东方皇帝的罗马化得到了突显。

古代拜占庭地区也让人想起帝国的罗马特征，如罗马涅（相当于意大利的前大主教）或巴尔干半岛的罗马尼亚。"罗姆"一词来源于"罗马"一词，穆斯林用它来指代拜占庭人和他们的领土，然后土耳其人用它来指代欧洲的领土。因此，我们可以认为，在希拉克略皇帝统治之前，东罗马帝国即古罗马帝国的东方部分，一直是明显的拉丁帝国。但在那之后，更恰当的说法是一个"罗马人国王"统治的希腊东部君主政体。而这个"罗马人之王"的头衔受到了西方日耳曼君主的质疑，他们后来声称自己才是"罗马人的国王"（Rex romanorum）。

希拉克略一世和波斯的威胁

希拉克略在 610 年登上皇位，建立起一个新王朝，该王朝一直延续到 711 年，也就是查士丁尼二世去世的那一年。在福卡斯统治时期的混乱之后，可能是亚美尼亚或卡帕多西亚血统的希拉克略一世努力击退蛮族的威胁，同时试图恢复帝国的财政状况。最紧迫的行动是阻止波斯人，这些外族人在希拉克略掌权后不久就对拜占庭的主要省份发动了一场毁灭性的战役。当时，皇帝还在各地巩固自己的权力，其中包括叙利亚的主要城市，如安条克和大马士革。萨珊波斯人从叙利亚向巴勒斯坦进军，似乎势不可当。根据传统的史学记载，这些地区的居民主要信仰一性论派，受到君士坦丁堡东正教教义的忽视甚至迫害，因此对波斯人颇青睐，偏爱更宽容的波斯政权。

614 年，令帝国所有人震惊的是，波斯人围攻了耶路撒冷。这座圣城没抵抗多久就落入了萨珊王朝的手中。消息传到了拉丁西部塞维利亚的伊西多尔。甚至《古兰经》（第 30 章）也提到了拜占庭人当时遇到的巨大灾难。这座城市的基督徒居民遭受了大屠杀，由君士坦丁建造的圣墓教堂（Saint-Sépulcre）等教堂被烧毁。基督教世界的圣地被破坏，甚至连基督圣十字架的遗物被偷走并带到了波斯首都泰西封。波斯人分成两支队伍：一支前往帝国首都，到达君士坦丁堡的加尔西顿；另一支则前往埃及，那里的一性论派教徒把他们当作解放者来迎接，这支队伍在 619 年成功占领了亚历山大港。可以想象，失去这些在经济、文化和象征意义上都很重要的地区对拜占庭帝国来说是一场灾难。

然而，希拉克略知道如何应对这种情况。凭借他的军事才能和对敌方省份的深入了解，他组织了对萨珊王朝的进攻，当时所有军队都在他的掌控之下。在给波斯人灌输了一种"圣战"的精神之后，他决定在 622 年亲自率领他的士兵与波斯人作战。

但当北部边境遭到阿瓦尔人（Avars）的袭击时，情况变得更加复杂。他们利用混乱和希拉克略出征应付波斯人，穿越了巴尔干半岛，掠夺沿途城镇。他们在 626 年到达君士坦丁堡的大门，可能是在与驻扎在加尔西顿的波斯军队达成协议后计划进攻首都。北非的拜占庭总督辖区也传来坏消息。西班牙西哥特国王斯温提拉（Swinthila）将拜占庭人赶出了半岛南部，将他们击退到直布罗陀海峡的另一边。尽管如此，君士坦丁堡的防御工事使这座城市能够抵抗袭击，迫使阿瓦尔人和波斯人撤退。

至于希拉克略，他坚定地继续在波斯人占领的小亚细亚和叙利亚的领土上进行战争，并陆续夺回了这些领土。627 年，拜占庭人在尼尼微战役中击败波斯人，进入波斯的领土。由于内部冲突，新的波斯国王立即与希拉克略签署和平协议，并将所有被征服的省份（叙利亚、巴勒斯坦和埃及）以及圣十字架的遗物归还。希拉克略一路凯旋把圣十字架带回耶路撒冷。他还在君士坦丁堡举行巡游。

与他同时代的诗人乔治·德·皮西迪（Georges de Pisidie）在其著作《波斯远征》（*expeditione persica*）、《阿瓦尔战争》（*Bellum Avaricum*）或《希拉克略传》（*Heraclias*）中赞颂了希拉克略的成就。他们恢复了拜占庭对东方和埃及的统治权威，并永久削弱了萨珊王朝的势力，从而改变了该地区的地缘政治平衡。然而，有些省份永远消失了，比如西班牙。

内部策略与继承问题

帝国被重组为"军区"（themata），即为促进其防御而创建的军事行政单位。这一改革归功于希拉克略，尽管一些史学家认为这是君士坦斯二世的功劳。在宗教政策方面，希拉克略试图通过推广新教义（如"一能论"或"一志论"）来调和东正教和一性论派。这两种教义在基督的本质问题上提出了妥协："一能论"很快就被抛弃了，它肯定基督有两种本性，但只有一种"能量"（故意模糊的概念）；"一志论"得到君士坦丁堡大牧首塞尔吉乌斯的支持，它承认基督有两种本性，即人性和神性，但只有一个意志。

此外，在教皇约翰四世的要求下，希拉克略开始向巴尔干地区的斯拉夫人传教。我们还应该记住，希拉克略与伊斯兰教的诞生是同时代的：穆圣逃亡（Hégire）[10]发生在622年，当时希拉克略在与波斯人作战。在先知穆罕默德于632年去世后，伊斯兰教开始大规模传播，其代价是波斯萨珊王朝和后来拜占庭帝国的衰落。

希拉克略统治最后几年的政治局势预示着未来的继承问题。641年希拉克略去世后，他的第一任妻子尤多西娅所生的长子（曾于613年加冕为共同皇帝）登上皇位，称为君士坦丁三世，但只统治了几个月。希拉克略还有另一个儿子，希拉克略二世（也叫希拉克洛纳斯），是他的第二任妻子，他的侄女玛蒂娜所生，玛蒂娜在638年为这个儿子加上奥古斯都的头衔。希拉克洛纳斯获得了帝国的共同摄政权。在君士坦丁三世即位三个月死于肺炎后，只剩下希拉克洛纳斯独自统治。随即，谣言指责玛蒂娜和希拉克洛纳斯毒害了君士坦丁三世，一场叛乱爆发了。在瓦伦丁

---

[10] 622年，麦加的首领们秘密集会决定暗杀先知穆罕默德（穆圣），把伊斯兰斩草除根。穆圣得到真主的启示，随即逃亡，隐藏在山洞中幸免于难。——译者注

新的行政单位

　　起初，军区或军事辖区可能是组成拜占庭军队的军事单位。在皇帝希拉克略一世统治期间，这些划分逐渐使组织庞大的拜占庭帝国领土管理成为可能，最重要的是，可以管理离君士坦丁堡最远的领土。

　　军区的起源是有争议的。一些资料将其创建归功于希拉克略皇帝，其他来源则归于君士坦斯二世。尽管如此，作为行政单位的第一批军区似乎是7世纪中叶的小亚细亚地区，包括：亚美尼亚、安纳托利亚、色雷西亚和奥普希金（Opsikion）。它们以军队单位命名。还创建了一个海军军区，即卡拉维西亚军区（Caravisiens）。随后，在巴尔干半岛和西西里岛建立了其他军区，而拜占庭在意大利和北非的领地仍处于拉文纳和迦太基大主教的控制之下。拜占庭总督辖区对帝国首都有一定的回旋余地，这有利于那里的叛乱。来自非洲总督辖区的希拉克略本人反抗福卡斯皇帝。

（Valentin）将军的领导下，起义者要求由先皇的幼子继承皇位。希拉克洛纳斯被废黜。他和他的母亲按照波斯的方法被残忍地施刑（玛蒂娜的舌头被割掉，希拉克洛纳斯的鼻子被割掉），并被永远驱逐出首都。这种公开羞辱是首次发生在皇室成员身上。

　　正是在这种背景下，君士坦丁三世的小儿子登上了皇位。从641年到668年，名号为君士坦斯二世［绰号为"大胡子"（Pogonate）］。他统治时发生的重大事件是阿拉伯人在东地中海政治舞台上以不可阻挡之势入侵。642年，拜占庭在君士坦斯二世的统治下彻底失去了埃及，也差点失去非洲总督辖区。一些人认为，阿拉

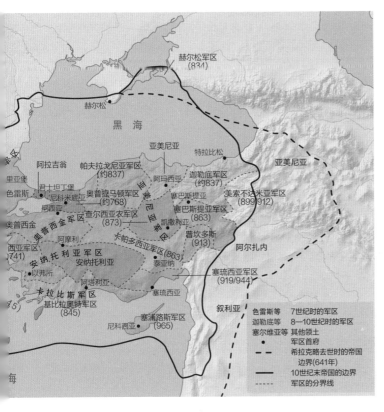

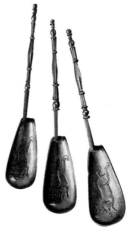

伯人对拜占庭东方行省和埃及的迅速征服，就像之前波斯的胜利一样，是由于一性论教派对君士坦丁堡东正教的不满。阿拉伯哈里发还发动了陆地行动，在 647 年占领了亚美尼亚和卡帕多西亚，然后占领了弗里吉亚。在经历短暂的和平之后，倭马亚王朝的第一任哈里发穆阿维叶一世（Muawiya Ier）的舰队继续入侵帝国。655 年，拜占庭人在一场海战中惨败，皇帝冒着危险亲自参加了这场海战。最后，君士坦斯二世利用哈里发内部的权力斗争，于 659 年与阿拉伯人签署了和平条约。

希拉克略皇帝在他的西方策略中取得了更大的成功：有效地遏制了巴尔干半岛的斯拉夫人，在意大利对

小艺术的兴起

尽管社会冲突和战争发生无数，拜占庭的工艺和装饰艺术继续发展，艺术家达到了卓越的水平。这些大概出现在 600 年的勺子是在塞浦路斯发现的（大英博物馆，伦敦）。

贝内芬托的伦巴第公国发动了进攻，并在意大利各地收集贡品。两个世纪以来，没有皇帝访问过罗马。在宗教问题上，君士坦斯二世厌倦了无休止的关于基督本质的辩论，他想通过法律来阻止这些辩论，并颁布法令结束辩论。教皇马丁一世谴责了这一企图，以及拉特兰会议（649年）提出的一神论，但君士坦斯二世废黜并拘捕了他。

在统治的最后几年，为了皇位不被篡夺，希拉克略可谓处心积虑。他让3个儿子君士坦丁、希拉克洛纳斯和提比略成为共治皇帝，并杀死了兄弟狄奥多西。他不信任周围的人，下令将宫廷转移到西西里岛的叙拉古。可惜他的担心最后还是变成了现实：668年，他在达芙涅浴场被谋杀。他的失败可能是由于对首都最终迁往叙拉古的不满。他死后，他的儿子君士坦丁继承了皇位。但君士坦丁首先不得不面对西西里的夺位企图。

674年，君士坦丁四世回到君士坦丁堡，在那里他不得不面对阿拉伯人对这座城市的第一次围攻。这是东方帝国生存的最关键时刻之一：首都从未遭受过如此严重的危险。然而，随着东地中海哈里发的权力上升，这种情况是可以预见的，迫使拜占庭人采取新的战略。在那之前，由于坚固的城墙和惯常的地面防御战术，所有的围攻都失败了。但阿拉伯舰队对首都的围攻迫使拜占庭人在海上防御方法上进行创新。著名的"希腊火"大概就是在这个时候发明的。它是一种易燃液体，在水面上燃烧，扔向敌人的舰队。城市港口的防御系统也得到了完善，比如增设锁链。君士坦丁堡就这样抵抗了长达3年的进攻。这种顽强的抵抗和地面上的失败最终迫使哈里发放弃围攻，并签署了一项对拜占庭有利的和平条约。

君士坦丁四世凭借坚韧不拔的精神，最终战胜了这场磨难，他的同时代人都认为他是一个伟大的赢家。然而，在帝国的北部，更确切地说是在色雷斯的北部，他不得不承认保加利亚王国对帝国造成了威胁。在西方，他与伦巴第人签署了一项互不侵犯条约，承认他们对最近从拜占庭人手中夺取的意大利某些地区的权力。

在宗教政策方面，君士坦丁四世主要关注一神论的冲突。虽然一神论最初是弥赛亚主义和东正教教义之间的妥协，但它提出了新的教义问题。680 年至 681 年，皇帝召开了第六次普世会议（君士坦丁堡第三次会议），批准了加尔西顿大公会议的东正教教义，以驳斥一神论：两种本性和两种意志在基督身上共存。此举恢复了君士坦丁堡和罗马之间的和平。

查士丁尼二世的双重统治

君士坦丁四世于 685 年去世，他的儿子查士丁尼二世继位。查士丁尼二世［绰号为"鼻子被割者"（Rhinometus）］当时 16 岁。他成为拜占庭历史上最受关注的人物之一。他的名字可能促使他模仿查士丁尼大帝，并通过领导征服行动来恢复帝国昔日的辉煌。然而，他的复杂性格和野心为他招致许多敌人，并引发了国内外政治动荡。早期，由于帝国与阿拉伯人和平相处，查士丁尼二世专注于对付巴尔干：他袭击了马其顿的保加利亚人。然后他犯了一个错误，为了夺回亚美尼亚行省而攻击阿拉伯人。他输掉了一场战役，最终导致帝国失去了亚美尼亚。

他对宗教领域的干预并不成功，甚至引发了冲突。692 年，查士丁尼二世召开君士坦丁堡公会议［或"基督教五六会议"（Quinisexte）］，批准了东方神父的婚姻等条款，引起与罗马教会的严重分歧。教皇拒绝承认这是一个普世公会议，并强烈反对会议决定。查士丁尼二世想要拘捕教皇，正如他的前任君士坦斯二世所为，但皇帝在意大利的权威已经下降，驻扎在罗马和拉文纳的军队选择了支持教皇。

不久之后，一场反对皇帝的叛乱爆发了。查士丁尼二世采取的措施失去了农村贵族的支持。他征税以补充国库，目的是像他的楷模查士丁尼一世一样，进行一项不朽的建筑计划。此外，他重新分配土地，并决定安置大量斯拉夫人。他一系列不受欢迎的改革为随后的反偶像崇拜时期埋下伏笔。695 年，在竞技场的蓝色派系和君士坦丁堡大牧首卡里尼科斯一世（Callinicos Ier）支持的起义之后，起义军宣布驻希腊军队的领袖伊苏里亚人莱昂斯将军为皇帝。查士丁尼二世被废黜，为了阻止他重新掌权，起义军割掉了他的鼻子（其绰号因此得名），并将他流放到克里米

一种神秘武器：希腊火

拜占庭帝国保守得最好的秘密是希腊火的成分，这可能是一种燃烧液体。拜占庭人在海战中使用这种惊人的武器，从而在敌人的舰队中播下恐怖的种子。

我们从手稿中的插图和流传下来的描述中了解到希腊火，它由一种燃烧的液体组成，附着在敌舰上，甚至可以漂浮在水面上，烧毁接触到的一切。它被认为出现在7世纪末期，正值阿拉伯人对君士坦丁堡的进攻高峰期，当时拜占庭人失去了东部省份的大部分地区。一个传说将希腊火的发明归功于来自阿拉伯人占领省份中的一位建筑师。这种新武器在前两次围攻拜占庭首都期间成功地击退了阿拉伯舰队的进攻。后来在8世纪、9世纪和10世纪被用来对付撒拉逊人、斯拉夫人和罗斯人。然而，它的秘方现在已无处可寻。

插图 《斯凯利茨手抄本》展现的一场战斗中使用希腊火的海军（马德里国家图书馆）。

亚半岛。

篡位者莱昂斯统治的时间不长：三年后，一场对阿拉伯人的可怕军事失败导致他垮台。阿拉伯军队占领了迦太基，拜占庭人夺回这座城市的努力失败了。698年，一场海战结束了拜占庭帝国对非洲总督辖区的统治，使其丧失了主要城市，最终由阿拉伯人控制。拜占庭军队对莱昂斯的失败极为不满，又推选出一位新皇帝。这是

一位名不见经传的日耳曼指挥官阿普西马尔，他在位时为提比略三世（698—705 年）。莱昂斯被废黜，被监禁，被割掉鼻子，然后被提比略关在修道院。

提比略三世接受了当下局势，并承认拜占庭非洲已不复存在。他集中精力加强帝国在小亚细亚和海上的领土，如塞浦路斯岛。他明智地处理了帝国事务。与此同时，查士丁尼二世逃离克里米亚，开始计划复仇。704

年，查士丁尼二世娶了可萨汗国的可汗伊布齐尔·格拉万（Ibuzir Glavan）的妹妹，为了纪念查士丁尼大帝的妻子，他将她改名为狄奥多拉。查士丁尼二世还与保加利亚可汗特维尔（Tervel）结盟，后者为他提供军事援助以恢复他的皇位，并为自己换取恺撒的头衔。705年春天，查士丁尼二世率领一支斯拉夫人大军出现在君士坦丁堡城墙前。他无法用武力征服，但他由背叛了提比略三世的拥护者带入城中。查士丁尼二世因此重新掌权。为了配得上皇位，他装上了一个金鼻子。他残酷地报复两位前任莱昂斯和提比略三世，强迫他们列队进入竞技场，在那里公开羞辱他们，最后处决了他们。他还挖出了阴谋反对自己的大牧首卡里尼科斯的眼睛，并将其流放到罗马。

查士丁尼二世的第二次统治随即开始。从705年持续到711年，在帝国建立起恐怖政权。在外交政策方面，他打破了与可汗特维尔的联盟，并攻击特维尔，以收回已经让给对方的领土和利益；然而，他没有成功，不得不再次缔结和平协议。他对阿拉伯人的战争也失败了，阿拉伯人将他们的领土扩展到小亚细亚。查士丁尼二世还向意大利领土派遣了一支远征队，强迫教皇约翰七世接受"基督教五六会议"的决定并访问君士坦丁堡：这是罗马教皇最后一次出现在拜占庭首都。查士丁尼二世严厉惩罚了在他第一次统治期间对他表现出敌意的拉文纳居民和掌权者。他的国内政策也是压迫性和残忍的，最终引发了从意大利到克里米亚的多次针对他的起义。正是在克里米亚，在他曾经流放的半岛上，一场由亚美尼亚士兵菲利普·巴尔丹（Philippique Bardane）领导的叛乱爆发了，袭击了在首都外的皇帝。起义者大获全胜。查士丁尼二世在711年被捕并被处决。他的后代也被消灭。然而，篡位者菲利普·巴尔丹的统治也只维持了两年，从711年到713年。他的政府开启的更加动荡的无政府状态，从711年一直持续到717年，其特点是由军人政权更替频繁：阿纳斯塔修斯二世从713年到715年，狄奥多西三世从715年到717年。无政府状态一直持续到利奥三世即位。但他们播下的混乱种子，导致政治衰落，领土被帝国的敌人夺走。

利奥三世和偶像破坏

被误称为伊苏里亚人的利奥三世上台，建立了一个新的王朝。他是叙利亚或阿拉伯血统的士兵。他参加了查士丁尼二世重新掌权的远征，并在 717 年推翻了狄奥多西三世。他的统治并没有结束帝国的动荡。在无休止的宗教辩论中，一神论最后一次成为焦点是在亚美尼亚人菲利普统治时期。新的教义争论接踵而来。更具体地说，一场关于偶像崇拜的神学讨论开始了。这将使帝国陷入多年的动荡，直到 775 年，然后从 813 年到 843 年再次经历动荡。

他必须采取的第一个措施旨在保卫再次被阿拉伯人包围的君士坦丁堡。事实上，后者利用帝国统治的无政府状态包围了这座城市。基督教帝国与穆斯林哈里发之间的对决逐渐呈现出宗教战争的一面。利奥三世的前任君士坦斯二世和查士丁尼二世的行动已经暗示了这一点。无敌君士坦丁堡的抵抗成为整个欧洲的象征。711年，西哥特西班牙被伊斯兰教徒打败；721 年，阿基坦的尤得斯在图卢兹战役中暂时击败了撒拉逊人。

在东线，拜占庭也成功地遏制了伊斯兰教的扩张。皇帝利奥三世压制住了对君士坦丁堡的围攻，一直持续到 718 年。皇帝随后试图加强帝国的边界和管理。他还完成了一项重要的立法工作，重新制定了帝国法。从查士丁尼时代开始，法律文本传统上是拉丁语；利奥三世用希腊文出版了《法律选编》，后来影响了整个欧洲东部。

然而，利奥三世进行的最显著改革与宗教有关：726 年至 730 年间，皇帝全面参与神学争论，反对圣像崇拜。至少从 4 世纪和 5 世纪以来，这种禁止代表神性的倾向就已经存在于教会中，这使得宗教改革声称要恢复基督教的原始纯洁。然而，毫无疑问，参与阐述这一教义的皇帝和神职人员受到了另外两个伟大的一神论宗教——犹太教和伊斯兰教——的极大影响，这些宗教禁止描绘上帝的形象。通过730 年的法令，利奥三世可能打算减少在他声称统治的领土上存在的三种一神论宗教之间的差异。通过谴责偶像，他认为这是在鼓励更多的人服从。此外，这些措施揭示了一种皇帝-教权主义，其目的是加强皇帝对宗教的权威，减少教会等级制度

没有圣像的基督教

在拜占庭胜利了一个多世纪的反偶像崇拜运动可能受到其他一神论宗教的影响，特别是受到 7 世纪伊斯兰教的影响。它继承了古老的基督教潮流，同时更接近犹太教和伊斯兰教。

在 8 世纪和 9 世纪，反偶像崇拜运动在整个拜占庭东部引起了严重的冲突。很大一部分人在皇权的怂恿下，坚持在基督教中禁止圣像的思想。这引发了一场冲突，几乎可以被认为是一场受宗教启发的内战。君士坦丁五世在754年召集大公会议为破坏偶像的正当性辩护，结果毁坏了价值无法估量的艺术品和手稿。那些年里很少有圣像幸存下来，尽管修士们热心保护。由于后者的勇气和两位皇后即伊琳娜和狄奥多拉的坚持，最终让偶像崇拜得以重新建立。

插图 君士坦丁堡圣伊琳娜教堂的内部，所有圣像都在破坏偶像时期被移除。

和修道士的权力。然而，对圣像的崇拜，尤其是基督和圣母的画像，在当时很普遍。教皇格里高利三世和君士坦丁堡大牧首杰曼努斯一世反对这种亵渎神明的做法，但许多人都追随这种做法。

在希腊，偶像崇拜者（偶像崇拜的支持者）开始反抗皇帝。他们的起义被严厉镇压了。在首都，反偶像派和偶像崇拜派之间发生了冲突。730 年，皇帝下令将基督从通往宫殿的青铜门上移除，而偶像崇拜者杀死了那些负责移除基督的人。于是，在强制移除这些圣像的皇权和部分强烈反对的民众之间爆发了冲突，后者得到了大多数神学家和大量神职人员的支持，尤其是修道士。731 年，格里高利三世当选教皇之后，立即在一次会议

上谴责了反对偶像崇拜者，从而引发了东西方之间的新裂痕。因此，意大利中部脱离了拜占庭教会的统治，而南部则站在皇帝一边进行改革。

利奥三世去世后，他的儿子君士坦丁五世 [绰号"粪名"（Copronymus）]（741—775 年）继位。这个绰号来自一个诽谤的传说，声称他在受洗期间在洗礼池中排便。这个谣言以及他的坏名声可能是由于他强烈地反对偶像崇拜。事实上，他对偶像崇拜者，尤其是修士们进行了严厉的镇压。754 年，君士坦丁五世召开了希拉大公会议，没有一个牧首参加，不过这并不妨碍他公开谴责偶像崇拜。然后，他开始了一场破坏教堂和修道院圣像的暴力运动。

查士丁尼二世

他的绰号为"鼻子被割者"，因为他在被推翻后被割掉了鼻子。后来，他重新夺取皇位，并戴着金鼻假体统治。这枚硬币上有他的肖像。

君士坦丁五世与可萨公主伊琳娜所生的儿子继承其位，在位时间为 775 年至 780 年，称为可萨人利奥四世，这个绰号来自他的种族血统。当时，突厥人对拜占庭产生了很大的影响。在利奥四世统治下，宗教冲突平息了。他在 30 岁时死于发烧。他的遗孀伊琳娜保住了摄政权，直到他们的儿子君士坦丁六世成年。

雅典人伊琳娜皇后

伊琳娜于 864 年被东正教封为圣徒。786 年，她在君士坦丁堡召集了一次大公会议，以恢复偶像崇拜。会议期间，反偶像崇拜派猛烈冲击了聚集了众多宗教权威的圣使徒教堂，导致此次会议未能取得任何实质成果。次年，伊琳娜召集了另一次尼西亚大公会议，成功恢复了偶像崇拜。这是东方教会历史上的最后一次大公会议。

毋庸置疑，君士坦丁堡的反偶像崇拜争议和一个女人的统治在中世纪的欧洲尤其是西欧留下了深刻的印象，而此时另一个人物——查理曼大帝正在崛起。东方、希腊或斯拉夫世界与法兰克、日耳曼或伦巴第基督教世界大不相同。公元 9 世纪初，欧洲出现了几个古罗马世界的概念。800 年圣诞节的罗马，查理曼大帝被教皇利奥三世加冕为皇帝，标志着古代世界观的终结。一个摆脱了君士坦丁堡统治的西方新帝国诞生了。

查理曼试图通过转向东方来使新君主合法化，其中包括向伊琳娜求婚。但后者在 802 年 10 月被推翻，危及东西方最终的统一。推翻皇后的阴谋使帝国财务大臣尼基弗鲁斯一世（Nicéphore Ⅰ^{er}）夺取了皇位。伊琳娜被流放到莱斯博斯岛（Lesbos），不久死在了那里。

内外交困

尼基弗鲁斯一世从不承认查理曼的皇帝身份，为了争夺意大利得里亚海沿岸的控制权，他与查理曼治下的法兰克人开战。这位拜占庭皇帝还不得不面对哈里发国和保加利亚人的威胁，为了应对威胁他与儿子斯陶拉基奥斯（Staurakios）在希腊策划了一场对抗哈里发国和保加利亚人的冲突。为了维持其统治，尼基弗鲁

斯施行严厉的税收政策，这引发民众的强烈不满。尼基弗鲁斯死于保加利亚普利斯卡（Pliska）战役（811年），结果就是拜占庭人被保加利亚人击败。斯陶拉基奥斯也在战役中受重伤，因其父已死，他便在亚得里亚堡（Andrinople）被宣布为皇帝，这是拜占庭皇帝第一次在君士坦丁堡外加冕。

斯陶拉基奥斯之后，尼基弗鲁斯的女婿米海尔一世·朗加比登上了皇位。他最终在812年承认了查理曼大帝，以换取在意大利的休战。米海尔一世由他的将军亚美尼亚人利奥五世（813—820年）继位，他重新实行偶像破坏运动，并在817年抵抗了围攻君士坦丁堡的保加利亚人。

一场没有怜悯的战争

围绕偶像的争吵引发了数次社会冲突，往往导致暴力行为。许多修士为了捍卫圣像而丧生。这幅来自11世纪君士坦丁堡斯图迪翁修道院手稿的插图，描绘出破坏偶像的人正在移除基督的圣像。

在伊苏里亚王朝的最后几年，从811年到820年，边境危机不断，皇权统治不稳定加剧。虽然拜占庭控制了意大利中部，甚至控制了首都拉文纳，但在751年被伦巴第国王艾斯托夫夺回。因此，拜占庭不再对西方有任何影响力，这可以从加洛林王朝恢复西方帝国中得到证明，在接下来的几个世纪里，帝国的延续将由东方帝国其他日耳曼对手保证。

另一个主要问题是斯拉夫人。像保加利亚人一样，他们逐渐在帝国内开辟出一片天地。除了在北方拥有独立的王国，他们还影响着拜占庭政治，越来越多移民定居在帝国领土上。伊苏里亚王朝的皇帝依靠保加利亚人与阿拉伯人作战，但在接下来的一个世纪里，这些支持变成了对帝国稳定的威胁。

拜占庭帝国选择了一条与西欧不同的道路，不仅在宗教教义上，在偶像崇拜的争论上，而且在政治上。利奥五世正式恢复了偶像崇拜禁令。他要对迫害偶像崇拜派的可怕行径负责，他这么做也许是受到了阿拉伯文化的影响。大牧首尼斯福鲁斯反对恢复偶像崇拜禁令，但被废黜。815年，第二个反偶像崇拜大公会议在都城召开。抗议破坏偶像的最强烈反对者是狄奥多·斯图迪翁，他是斯图迪翁修道院的院长、神学家。除了宗教动机之外，破坏偶像的皇帝与偶像崇拜的主要捍卫者——强大的修道院之间的较量基本上是一场争夺教会控制权的斗争。

亚美尼亚人利奥五世于820年被暗杀，接替者是米海尔二世，他是帝国卫队的首领，出生在弗里吉亚的阿摩利要塞。米海尔二世建立了阿摩利王朝，以这座作为"边境社会"的象征而具有重要意义的要塞城市命名。这位弗里吉亚和阿摩利皇帝的时代也以拜占庭和阿拉伯边境的敌对为标志。这有利于一个边境世界的出现，"边境骑士"（akritai）得以在那里发展。后来，人们用手势歌赞颂他们，比如《边境骑士谣》（*Digénis Akritas*）（12世纪），描绘了一个与穆斯林世界共存的异质社会。

米海尔二世之后，其子狄奥斐卢斯于829年即位。新皇帝在832年颁布法令，再次禁止崇拜偶像，从而引发了偶像崇拜的斗争，狄奥斐卢斯是最后一位反对偶像崇拜的皇帝。根据一些证词，偶像崇拜者在他的统治下遭受了前所未有的折磨和残

普利斯卡战役

　　拜占庭人在普利斯卡战役中因过度自信而被击败，在可汗克鲁姆带领的保加利亚人攻击下遭受了惨重的失败。后者确实在该地区山口的伏击中摧毁了帝国军队。拜占庭皇帝被杀的普利斯卡之难，大大增强了保加利亚的实力。

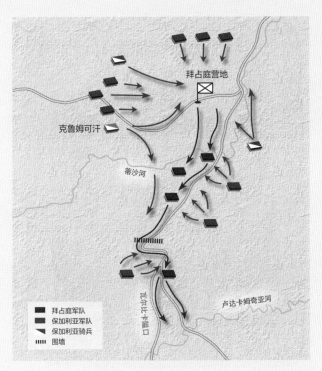

　　长期以来，保加利亚的威胁被低估。拜占庭人决定重新征服曾经属于他们的地区，并击败保加利亚人的一切抵抗。811年夏天，尼基弗鲁斯皇帝率领一支庞大的军事远征队前往安纳托利亚。他出其不意地占领了保加利亚的土地，包括首都普利斯卡，并将其夷为平地。保加利亚可汗克鲁姆（Kroum）提出和谈，但遭到了尼基弗鲁斯的拒绝，他过于自信，认为已经完全征服了保加利亚。当拜占庭人洗劫这座城市时，克鲁姆集结军队，准备在瓦尔比卡（Varbica）山口伏击拜占庭人，而拜占庭人在返回时轻率地经过瓦尔比卡。这是一场骇人的屠杀，无数帝国士兵和高级官员丧生。尼基弗鲁斯皇帝本人被杀，其尸体被保加利亚可汗侮辱，颅骨被做成一个酒杯。

政治与宗教：模糊的界限

　　原则上，拜占庭皇帝从神职人员提出的候选人中选择君士坦丁堡大牧首。事实上，神职人员经常会指派自己的受保护人。因此，牧首的许多决定更多是政治性的，而不是宗教性的，一些宗教争议实际上掩盖了政治利益。

　　"新罗马"的大牧首在 381 年第一次君士坦丁堡大公会议上得到承认，该会议也承认了安条克和亚历山大的大牧首以及罗马教皇。但君士坦丁堡很快就超越了其他席位，因为这座城市不仅成为东罗马帝国的政治权力中心，而且成为整个地中海的政治权力中心。多年后，加尔西顿会议（451 年）承认君士坦丁堡牧首的普世权威，其有争议的第 28 条教规将罗马和君士坦丁堡的教廷置于几乎平等的地位，这将成为后来两个教会之间决裂的起源。

　　插图　代表东正教胜利的图标，牧首梅多迪乌斯（Méthode）站在圣母的左边，而狄奥多拉皇后在她的右边（大英博物馆，伦敦）。

酷迫害。838 年，一场极为严重的军事政治事件震动了整个帝国：阿拉伯哈里发穆塔希姆（al-Mu'tasim）的军队占领了统治王朝的摇篮阿摩利。阿摩利居民被屠杀。

在狄奥斐卢斯的统治时期，来自北方、斯堪的纳维亚和罗斯血统的商人和雇佣军也被安置在拜占庭，他们将组成传说中的瓦朗吉亚卫队，即拜占庭军队的精锐部队。

寺院权力、宗教和文化

狄奥斐卢斯死后，"酒鬼"米海尔三世（842—867 年）即位，因尚年幼，他的母亲狄奥多拉成为摄政者。狄奥多拉是一个偶像崇拜者，在她摄政时期恢复了对圣像的崇拜。因此，她得到了修士们的普遍支持，尤其是有影响力的阿索斯

圣像的胜利

由于伊琳娜皇后的坚定行动和修士们的保护工作，对偶像的崇拜在 8 世纪末恢复，并继续发展。这一点在后来建造的许多装饰着大量圣像的修道院中得到了证明。上图是斯维塞维塔（Svcevita）修道院，建于 16 世纪，位于历史悠久的布科维纳地区。

偶像，首要的宗教杰作

起源

根据教父们的说法，偶像的起源可以追溯到希腊东方的原始基督教艺术。有基督教遗迹的城市，如以弗所，似乎在3世纪和4世纪就开始生产偶像，尽管已知的最古老的作品可以追溯到6世纪。随着基督教成为官方宗教，圣物和偶像（希腊语中的eikones）在帝国中大量增加，并被作为科普特织物或君士坦丁堡金币的图案。

辉煌

最美丽的偶像可以与著名的"非手工制作"圣像联系在一起，这些偶像被认为是奇迹。这一传统促进了与幽灵、治愈或奇迹有关的圣像在整个帝国的传播。在破坏偶像的时期之后，许多珍贵的作品丢失了，偶像的生产在整个帝国经历了真正的爆炸式增长。拜占庭偶像的特色美学是在9世纪中期确立的。

模型和流派

根据预先确定的规则（Hermeneia），偶像模型象征性地对应于圣殿的不同部分。代表类型有：全能者基督（pantocrator），四个福音传道者（tetramorphes），圣母抱着圣子（theotokos），抱着圣子跪在宝座上（Kyriotissa），等等。拜占庭学派在诺夫哥罗德或莫斯科的作坊里有追随者。

插图　　《天使报喜》，出自14世纪奥赫里德圣克莱门特大教堂的杰作(奥赫里德国家博物馆)。

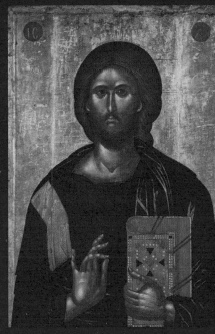

全能者基督　可追溯到15世纪中叶的拜占庭圣像（莫斯科普希金博物馆）。

顿河圣母像　16世纪俄罗斯学派的杰作（莫斯科特列季亚科夫画廊）。

拜占庭的科学与知识传播

拜占庭科学首先面临的是宗教权威设置的障碍。在亚历山大或雅典的古代晚期学院中，科学实际上与新柏拉图主义、异教和占星术有关。然而，君士坦丁堡帝国大学还将古典作家的科学文本纳入拜占庭教育（**paideia**）通常的文学、修辞和神学课程中。

精通各种科学的学者为拜占庭世界的发展做出了贡献，例如君士坦丁堡大牧首佛提乌（Photios）、米海尔·普塞洛斯（Michel Psellos）、马克西姆·普朗德（Maxime Planude）及红衣主教贝萨利留（Bessarion）。此外，伊斯兰教和欧洲的科学在很大程度上要归功于拜占庭抄写员，他们使亚里士多德的自然科学手稿、盖伦的医学手稿和希波克拉底的大量文集、欧几里得的几何学和古典天文学论文得以传播。在连续的拜占庭复兴中，东方学者由此建立了科学研究模式，为西欧文艺复兴的爆发铺平了道路。

插图 6世纪拜占庭太阳历的一部分（伦敦科学博物馆）。

山地区。

"圣山"（Ayion Oros）位于哈尔基迪克半岛三个狭长海角的东端，在整个8世纪一直是各种修道院的聚集地，反对偶像崇拜的斗争将此地推向了分离和孤立。斯图迪特修道士和比提尼亚的修道士们坚定地捍卫圣像，如顽固地保护拜占庭艺术的手稿和宝藏的阿托尼派，他们的坚持得到了回报，狄奥多拉皇后在843年做出了坚决支持圣像的决定。

一旦偶像崇拜恢复，拜占庭宗教艺术就出现了非凡的复兴。受到皇权庇佑的修道院获得了巨大声誉和巨额财富。这个黄金时代也受益于东方宗教关键人物的到来，例如阿塔那修斯，传奇人物阿托尼派彼得，以及小尤西米乌斯。这些人物代表了不同的僧侣、隐士或修士行为。阿索斯山最终在 10 世纪成了修道院集中生活（koinos bios）的地方。

当时，帝国因内部四分五裂，领土被侵吞，非洲的阿拉伯人威胁要入侵克里特岛，该岛在米海尔二世统治期间丧失，成为海盗的巢穴。海盗摧毁了拜占庭的小亚细亚沿岸，直到 961 年帝国才收复该岛。902 年西西里岛的损失是另一场重大灾难。这片领土以前曾发生过反对米海尔二世的起义。阿拉伯人利用这些动乱，从巴勒莫逐渐占领了西西里岛。到米海尔三世的时候，阿拉伯人已占据大部分西西里岛：拜占庭再也无法控制整个岛屿。意大利领土的情况也不容乐观。理论上，拜占庭帝国仍然拥有威尼斯和坎帕尼亚，但实际上，其政治权力相当薄弱，尤其是在半岛的北部。伦巴第人在南部的推进逐渐孤立了拜占庭的残余领土。但帝国疲于应付迫近东部边境的危险，无暇顾及西方。

在艺术和文学方面，与前一时期的辉煌相比，7 世纪和 8 世纪乏善可陈。然而，有些杰出代表是不能忽视的。如歌颂了希拉克略事迹的诗人皮西迪亚的乔治、编年史家安条克的约翰、哲学家和神学家忏悔者马克西姆、耶路撒冷的索福洛尼和那不勒斯的利昂提乌斯等。以反偶像崇拜为标志的阿摩利王朝时期以史学的复兴而著称，乔治·勒·辛塞勒斯（Georges le Syncelle）撰写了从帝国开创到戴克里先皇帝统治时期的通史。忏悔者狄奥法内斯把这部编年史的内容延续到米海尔一世（朗加比）的统治时期，他是米海尔一世的同时代人。这部编年史后来对一些历史学家产生了很大的影响。

还有几个有名的史学家，如大牧首尼斯福鲁斯——偶像崇拜最狂热的支持者，和修士乔治，前者研究了 7 世纪和 8 世纪历史，而后者则写了一部通史，一直延续到狄奥斐卢斯皇帝。在神学领域，大马士革的约翰和斯图狄特狄奥多无疑是反对偶像崇拜的最杰出代表。

利奥三世统治时期引入的宗教法律，开启了打破传统的时期，在形象艺术领域引发了一场危机，直到 843 年争端最终结束。拜占庭的艺术创作在这一时期停止了，许多圣像被摧毁。然而，代表非宗教场景的灯具和画像的制作仍在继续。在建筑方

萨洛尼卡的圣索菲亚教堂

建于8世纪，位于3世纪的第一座教堂的遗址上，其灵感来自君士坦丁堡的圣索菲亚大教堂。其圆顶的马赛克展示了耶稣升天时被十二使徒、圣母和两位天使包围。

面，一些教堂在这一时期被重建，如君士坦丁堡的圣伊琳娜教堂和萨洛尼卡的圣索菲亚教堂。

此外，在米海尔三世的统治下，君士坦丁堡大学（可追溯到狄奥多西二世）由皇帝强大的叔叔巴尔达斯重建，并在皇宫内设立了总部。大牧首佛提乌是9世纪最重要的学者，在很长一段时间里一直是这所大学的支柱之一。而作为一名杰出的学者，他最出名的是他的政治工作，这可能导致了与罗马的分裂。

与罗马冲突的根源是米海尔三世任命佛提乌为大牧首。这样，皇帝就摆脱了伊格内修斯，因为他和伊格内修斯一直不和。而教皇站在被废黜的大牧首伊格内修斯一边，并且拒绝承认佛提乌，因为佛提乌反对西方教会，谴责在尼西亚信经中使用"及圣子"[11]（Filio-que）一词，这是在托莱多大公会议上引入西方的。这场争议为后来的冲突奠定了基础，最终导致了东方教会和西方教会的分裂。

[11] 即耶稣。——译者注

档案：拜占庭统治下的西西里和意大利

查士丁尼重新征服意大利南部和西西里岛后，拜占庭对其影响呈现出拜占庭帝国文化和政治史上最饶有兴致的一段篇章。

古老的特里纳克里亚岛 (Trinacria) [12] 先后被希腊人、迦太基人和罗马人殖民，是几个帝国的粮仓和财富来源（几个世纪以来也是拜占庭的）。在古代，西西里对希腊人来说是一个神话般的地方，他们认为那里居住着怪物和奇异的生物。根据神话，西西里水域的航海家面临着巨大的危险：卡律布狄斯 [13] 是一种贪婪的生物，会引起旋风；锡拉（Scylla）是一种六头怪物，栖身在墨西拿（Messine）海峡 [14]，会吞食过往的船只。在西西里岛，堤丰（Typhon）躲在埃特纳河（Etna）下，这是个能控制宙斯的蛇形吞火怪物。独眼巨人们和莱斯特律戈涅斯人（Lestry-gons）[15] 也住在岛上。根据荷马的说法，在西西里岛上的独眼巨人波吕斐摩斯被尤利西斯 [16] 弄瞎了眼睛；尤利西斯还得面对女巫喀耳刻。

在公元前 8 世纪的荷马诗歌时代，希腊在西西里岛的殖民地开始激增：卡塔尼亚、赞克尔、叙拉古、卡马里纳、塞利农、阿格里根托等。罗马的征服并不能完全同化意大利南部和西西里岛的古代大希腊的这些基础，因此保留了强烈的个性，希腊语言和文化的持久性就证明了这一点。

---

[12] Trinacria 是三角形的意思，为意大利西西里岛的旧称，由于外形呈三角状而得名。——译者注

[13] 希腊神话中大地女神盖亚与海神波塞冬的女儿，荷马史诗中的女妖。——译者注

[14] 西西里岛和意大利大陆之间的狭窄海域。——译者注

[15] 传说中住在西西里的巨人食人族。——译者注

[16] 即奥德修斯。——译者注

三种文化 巴勒莫的圣约翰隐士教堂建于 6 世纪，后来被改造成清真寺，最终由诺曼人重建。

查士丁尼统治期间

野蛮人于 5 世纪从西方帝国手中夺取西西里岛，几个世纪后，该岛在查士丁尼对哥特人的辉煌战役后重归希腊。在贝利撒留的指挥下，东方帝国决定先进攻西西里。535 年，拜占庭军队于卡塔尼亚登陆，轻易就占领该地。拜占庭人随后袭击了叙拉古 [17]（Syracuse）和巴勒莫，这座城市拥有坚固的防御工事，哥特人在此顽强抵抗。贝利撒留不得不采取陆上和海上进攻相结合的策略来夺取它。拜占庭军队随后向意大利进发，从东哥特人手中夺取那不勒斯，然后是罗马，最后是拉文纳（540年）。但是哥特人从遭受的打击中恢复过来，并试图重新占领意大利和西西里岛：549 年，东哥特国王托提拉（Totila）的人再次踏上该岛的土地。除了墨西拿，他们接二连三地摧毁了所有的城市。托提拉带着他的人在岛上肆虐，直到查士丁尼派军队到达，在阿尔塔班的指挥下收复失地。托提拉撤退了，拜占庭人加强了对该岛的控制。

宗教的力量

拜占庭征服后，西西里成为帝国的一部分，不是作为一个行政区（后来演变为拜占庭的一个教区），而是作为一个独立的行省，由一个直接向君士坦丁堡帝国高级官员报告的总督管理。

然而，当时西西里拜占庭统治的腐败给民众带来了难以承受的财政压力。事实上，在 595 年，教皇格里高利开始亲自向皇后抱怨西西里人受到的虐待。拜占庭官员的虐待引起了民众的不满，导致了几次起义（668 年、718 年、781 年和827 年）。

这个例子显示了教会和西西里主教在民政管理和帝国宗教生活中发挥的重要作用。教士中有许多来自帝国的其他地区，并定居在繁荣的西西里省。还应该记住，7 世纪和 8 世纪的几位教皇都是西西里人：亚格索（678—681 年）、利奥二世（682—683 年）、科农（686—687 年）、塞尔吉乌斯（687—701 年）和斯蒂芬三世

---

[17] 叙拉古最初是希腊人在意大利西西里岛东部建立的一个古城，后来多称其为锡拉库萨。——译者注

（768—777年）。732年，西西里受君士坦丁堡大牧首管辖，建了几座东方模式的修道院。今天在西西里仍然可以看到的希腊十字式教堂"立方体"在当时也成倍增加。该岛以及整个意大利南部因此成为拜占庭希腊化的中心，并接纳了许多新的希腊居民。

事实上，当阿拉伯人在7世纪从帝国手中夺取非洲时，许多希腊人在这个繁荣的地区避难。在巴尔干、叙利亚、埃及和北非移民到来的推动下，西西里岛在6世纪和7世纪经历了各个层面的拜占庭化进程。

权力斗争

因此，7世纪中叶的宗教争端，特别是大牧首塞尔吉乌斯的一神论，也影响了该岛。在649年，君士坦斯二世颁布禁止讨论一神论的命令之后，西西里的主教们为这一教义辩护并遭到迫害。此外，在8世纪，修士们和希腊平民在意大利和西西里避难，以逃避反对偶像崇拜的皇帝对他们的迫害。

君士坦斯二世是唯一居住在西西里的拜占庭皇帝。663年，他在叙拉古定居，几年来，叙拉古一直是真正的帝国首都。然而，对叙拉古人民的虐待引发了一场起义，导

希腊人、拜占庭人、阿拉伯人和诺曼人

公元前8世纪

希腊人　随着希腊殖民地的建立，意大利南部和西西里岛到处都是繁荣的城市，如叙拉古和克罗托内（Crotone）。

545年

拜占庭人　查士丁尼的征服巩固了该地区的希腊文化传统。

663年

叙拉古，帝国的首都　君士坦斯二世穿越意大利和西西里，将其宫廷转移到叙拉古，但一场阴谋让他丧命。

827—965年

伊斯兰教　阿拉伯人以帮助拜占庭皇位的觊觎者之一为借口入侵西西里岛。

1071年

诺曼人　他们最初以雇佣军的身份被召唤到该地区，后来设法从阿拉伯人手中夺取了西西里岛。

1130年

诺曼人建立霸权　罗杰二世加冕为西西里和那不勒斯国王；拜占庭在西方最大的敌人巩固了力量。

拜占庭宝箱　可追溯到12世纪，保存在蒙雷阿莱教区博物馆。

致皇帝在达芙妮浴场（668 年）被暗杀。

驻扎在西西里的军队推选一位名叫梅泽齐奥斯（Mezezios）的亚美尼亚将军为皇帝，他可能与君士坦斯二世的死有关。梅泽齐奥斯即位后，开始他 668 年至 669 年短暂的统治生涯。

当君士坦斯二世被暗杀的消息传到君士坦丁堡，其子君士坦丁四世率领军队前往西西里岛，杀死了梅泽齐

西西里岛和意大利的东方基督教

7世纪和8世纪时，在西西里岛和意大利南部，教派依赖于东方教会世界，从而形成了繁荣的宗教文化。查理曼加冕后，罗马和君士坦丁堡的关系发生了变化，意大利成为战场。

伊斯兰教传播到先前的拜占庭属地，如埃及和叙利亚，导致意大利南部和西西里岛涌入大量移民，宗教和修道院活动在此蓬勃发展。意大利社会和文化生活中存在的希腊元素代表了东方教会在意大利的黄金时代，且有几位罗马教皇是希腊-西西里人。然而，由于帝国在西欧的复兴，教皇对君士坦丁堡的立场更加强硬。宗教（如偶像破坏运动）和军事（如阿拉伯人入侵）事件加剧了这一趋势。拜占庭东正教在意大利南部和西西里岛占主导地位，直到它在一场政治争端中被

工具化。当拜占庭的敌人伦巴第人和诺曼人在这一地区定居时，东方教会被取代。教廷决定偏袒罗马的支持者诺曼人，而牺牲意大利南部的东方教会传统，随着巴里主教会议（1098年）（le synode de Bari）的召开，明确教会听命于教皇。

插图 圣·约翰大教堂（叙拉古）地下墓穴中的圣·马尔西安墓穴，根据传说，圣·保罗应曾在此避难。

奥斯，并在博斯普鲁斯海峡恢复了帝国的首都。当帝国军队从西西里出发，伴随君士坦丁四世前往君士坦丁堡复辟王朝时，阿拉伯人随即发动对叙拉古的毁灭性进攻。伊斯兰教的存在开始威胁拜占庭西西里岛。

尽管如此，西西里岛和意大利南部还是抵御了南阿拉伯人和北伦巴第人的进攻，并在两个多世纪里一直是拜占庭帝国的璀璨明珠。在这一时期，西西里岛成为阿拉伯人

和拜占庭人激烈对抗的战场：阿拉伯人的船队滋扰了西西里岛海岸，这是帝国失守部分西西里岛的伊始。在7世纪末，西西里岛成为帝国的一个军区，与中央政权的冲突频繁。

阿拉伯人占领西西里岛

在9世纪的第二个10年中，即米海尔二世统治的后期，拜占庭西西里岛的总督墨西拿的尤菲米奥斯（Euphèmios de Messine）发动起义，使该岛陷入混乱。尤菲米奥斯被宣布为皇帝，但他犯了一个错误，就是向阿拉伯人求援，来应对帝国可能采取的报复行动，从此拉开了西西里岛遭受入侵的序幕。来自非洲的阿拉伯人于827年登陆西西里岛，他们没有帮助尤菲米奥斯与帝国军队作战（帝国军队很快就杀死了这个篡位者），而是急于征服西西里岛的几个地方。从那时起，西西里岛逐渐受阿拉伯人的势力控制。阿拉伯人随后在巴勒莫（Palerme）建首府，并逐渐将其势力范围扩大到整个西西里岛。

对帝国来说，维持对西西里岛的统治至关重要，以便阻止阿拉伯人入侵拜占庭的卡拉布里亚和坎帕尼亚地区。然而，在阿摩利王朝末期，帝国尽管为扼制阿拉伯人做出了种种努力，仍只能守住叙拉古和陶尔米那及周边领土。在巴西尔一世统治时期，阿拉伯人发动了对拜占庭西西里首府的总攻，被围困的拜占庭人进行了长期反抗斗争，但叙拉古仍于878年最终沦陷。

西西里岛的最终沦陷重创了拜占庭帝国形象，因为公元前8世纪左右由希腊移殖民建立的叙拉古以其希腊特色而闻名。阿拉伯人巩固了其在西西里岛的权力后，将注意力转向了意大利半岛南部地区。不久，在利奥四世统治时期，阿拉伯人于903年占领了拜占庭在西西里岛的最后一个要塞——陶尔米那城（Taormine）。拜占庭在西西里岛的最后领地是罗梅塔（Rometta），它顽强抵抗至963年才落入阿拉伯人手中。

阿拉伯人刚在西西里岛站稳脚跟，就开始多次入侵意大利南部地区。出于这个

诺曼式马赛克镶嵌画 天使基路伯和六翼天使的马赛克局部。12世纪（切法卢大教堂）。

原因，包括巴西尔二世等在内的历代皇帝多次计划重新征服西西里岛。在9世纪和10世纪，岛上的许多希腊人在阿拉伯人的压迫下逃到卡拉布里亚或意大利南部的其他地方避难。因此，灿烂的希腊文化在这一地区兴起，并从10世纪开始蓬勃发展。至今，我们仍可在该地区的修道院和教堂中发现有关希腊影响的残余和东正教的遗迹。

诺曼人的西西里岛

与此同时，西西里岛出现了新的政治参与者：诺曼人。从9世纪初开始，几个诺曼人群体开始在意大利定居。巴西尔二世与他们对抗，并一度成功制服他们。

但这些诺曼人是来此定居的，因此和阿拉伯人一样对拜占庭的意大利领土构成威胁。帕夫拉戈尼亚人米海尔四世（Michel IV le Paphlagonien）重新实施了征服西西里岛的计划。在 1038 年至 1040 年，皇帝安排了一次远征，由乔治·马尼亚克斯（Georges Maniakès）将军指挥。由于诺曼人雇佣军的参与，如霍特维尔的威廉（Guillaume de Hauteville）（绰号叫"铁腕"）或斯堪的纳维亚国王哈拉尔德·哈德拉德（Harald Hårdråde）指挥的著名基辅罗斯-瓦朗吉亚军团，这次远征旗开得胜，攻占了墨西拿。拜占庭帝国远征军甚至成功地占领了叙拉古。然而，由于一系列的错误，也许是拜占庭宫廷对马尼亚克斯的不信任，这次远征最终失败了。拜占庭军队撤退至阿普利亚（Apulie）。

诺曼人因此取代了阿拉伯人和拜占庭人在西西里岛的地位。诺曼人首领罗伯特·吉斯卡尔（Robert Guiscard）被宣布为普利亚公爵（duc des Pouilles），成功夺取了帝国的巴里城等重要地区，从而结束了拜占庭在意大利南部的霸权。诺曼人随后将注意力转向西西里岛，那里很快就成为其领地的核心区域。完全出乎意料的是，诺曼人的征服并没有意味着拜占庭在西西里岛和意大利南部影响力的终结。相反，罗伯特·吉斯卡尔和其他诺曼人首领作为拜占庭皇帝的合法继任者，沿袭了他们的美学和礼仪。

因此，作为意大利和西西里岛国王，诺曼人罗杰二世（Roger II）于 1130 年圣诞节在巴勒莫举行豪华的东方帝国加冕仪式。由此诞生的诺曼王国成为拜占庭帝国最可怕的敌人之一。

原因在于诺曼王国的军事力量及其在希腊传统领土上建立一个具有帝国形象和野心的基督教王朝所造成的象征性打击。威廉二世等诺曼国王变得非常强大，最终发起了威胁帝国领土完整的进攻。至于西西里岛的诺曼艺术，它有意识地模仿拜占庭艺术形式：这一时期在切法卢、巴勒莫或蒙利尔出现的精湛诺曼建筑遵循了拜占庭艺术准则。

东方风格的教堂

　　从7世纪开始，拜占庭教会人士为了躲避阿拉伯人入侵来到意大利，导致了东方风格宗教建筑的大量出现。在西西里岛，这一时期的拜占庭式教堂被称为"立方体"。在意大利南部也有相同风格的建筑。这些建筑由立方体组成，形制是希腊十字式平面，顶部是半球形圆顶。

卡斯蒂利奥内(卡塔尼亚)的圣多米尼克教堂（Santa Domenica À Castiglione – Catane）

这座7世纪的教堂也许是意大利所有拜占庭式"立方体"中最重要和最具代表性的教堂。它的平面和轮廓呈现精准的立体几何形状，令人联想到东方基督教建筑的外观。这个"立方体"原本刻有壁画，但不幸的是，壁画已消失。教堂有着巨大的石块和狭窄的窗户，今天仍可感知到东正教的精神力量。主拱门下有两根柱子墙体的主入口通向中央圆顶下的拉丁十字形教堂。它可能是来西西里岛东部避难的希腊僧侣们的一个礼拜场所。

斯蒂洛教堂（卡拉布里亚）（Stilo–Calabre）

位于雷焦卡拉布里亚省的斯蒂洛小教堂别名为卡托利卡（Cattolica）。它是东方风格宗教建筑的一个范例，没有外部装饰，但有几个圆顶。它建于拜占庭帝国统治时期，是周边几个教区的母教堂。斯蒂洛教堂有希腊十字式平面，由4根柱子分成9个体积相等的区域，是意大利拜占庭建筑的瑰宝之一。它可以与罗萨诺的圣马可教堂（Saint-Marc à Rossano）相媲美。斯蒂洛教堂曾经被阿拉伯入侵者用作祷告厅，这点至少一些铭文有所记载。

圣鲁巴教堂（维博瓦伦蒂亚，卡拉布里亚）（Vibo Valentia, Calabre）
位于维博（雷焦卡拉布里亚）和邻近村庄圣·格雷戈里·伊波纳（San Gregorio d'Ippona）之间的圣鲁巴教堂，很可能建于1000年。当时，拜占庭在意大利南部的影响已经开始衰落。圣鲁巴教堂具有该地区拜占庭式宗教建筑的所有特点，特别是其东方风格的圆顶，它被认为是来意大利南部避难的东方教会僧侣建造的，也许这些僧侣是为了逃离被阿拉伯人占领的西西里岛。该教堂只有一个中殿，后来用巴洛克元素进行了装饰。

拜占庭在意大利的衰落

拜占庭在意大利半岛的统治持续了 5 个世纪，从查士丁尼到科穆宁王朝的阿莱克修斯一世（Alexis Iᵉʳ Comnène），从拉文纳的总督辖区到卡特帕纳（catépanat）（普利亚和卡拉布里亚军区的军事政府）。拜占庭的统治首先受到伦巴第人的威胁，然后是阿拉伯人和诺曼人的威胁。伦巴第人开始在意大利半岛北部和南部建立领地和公国，侵占意大利的土地，拜占庭的统治就不稳固了。教皇格里高利大帝（Grégoire le Grand）出面遏制伦巴第人，拉文纳的拜占庭政府也表现出色，直至 751 年落入伦巴第国王艾斯多夫（Aistolf）的手中。

9 世纪时，总督辖区消失，威尼斯独立，其他意大利北部、中部和南部的拜占庭属地被法兰克人或阿拉伯人占领，拜占庭帝国管辖的领土只剩下卡拉布里亚的部分地区，这是希腊化程度最高的地区，至今仍保留着希腊方言。该地区经历了短暂的拜占庭复兴，重新夺回了阿拉伯人占领的巴里（876 年）和塔兰托（Tarente），建立了隆戈巴迪亚（Longobardie）、卡拉布里亚和普利亚三个军区，然后创建了意大利的卡特帕纳，并在 10 世纪将这些地方统一结合并赋予其政治和军事功能。

然而，坎帕尼亚的伦巴第公国所施加的压力，以及民众对拜占庭政府的不满导致了动乱和起义，这标志着皇权开始走向终结。一些诺曼雇佣兵帮助阿普利亚的伦巴第城市对抗拜占庭人，这与教皇和神圣罗马帝国的干预一起，决定了冲突的结果。教皇和日耳曼皇帝都有意摆脱被他们视为异端分子的希腊人的控制，并宁愿支持诺曼人的崛起。拜占庭于 1071 年结束了其在意大利南部的统治。当时诺曼人在经历了征服卡特帕纳的漫长战役后，占领了巴里，最终将希腊人从该地区驱逐出去。之后，意大利政治舞台上活跃着统治意大利半岛南部和西西里岛的强大诺曼王国，随着罗杰二世国王的加冕，诺曼王国的统治达到巅峰。这打破了该地区的平衡，使得神圣罗马帝国或后来的法国等西方大国得以直接干预。

拜占庭对诺曼艺术的影响

从1071年诺曼人征服西西里岛开始，一种特殊的文化在岛上发展起来，将基于拜占庭帝国的传统与阿拉伯-诺曼人融合的传统融为一体，产生了一种独特的文化。拜占庭的影响体现在阿拉伯-诺曼艺术和建筑风格上。它结合了西方元素如柱子和中楣，以及拜占庭式的圆顶、雕塑和马赛克，并加入了伊斯兰装饰如宝石。在西西里岛的中心地带，阿拉伯人和后来的诺曼人在这里建造了王宫，当时一些最具代表性的建筑保留至今。在巴勒莫，诺曼权力所在地，巴拉丁教堂（Palatine）也许是诺曼政权允许风格多样性的最好例子：诺曼人在此举行典型的拜占庭仪式，教堂采用拜占庭风格的马赛克和圆顶，而其装饰是明显的阿拉伯风格。这一时期还有许多其他的古迹：例如，蒙利尔大教堂，其马赛克和铭文充分体现了拜占庭风格；或位于巴勒莫的圣约翰·埃尔米蒂教堂，大约在1143年至1148年根据西西里岛新国王罗杰二世的命令建造，其红色的阿拉伯式圆顶让人想起东方城市，而其钟楼则是西方风格。

插图 诺曼人王宫的巴拉丁教堂（巴勒莫）。

蒙利尔大教堂的回廊　柱子、柱头和拱门的装饰体现了阿拉伯、诺曼和拜占庭风格的融合。

一系列争端

　　日耳曼人在意大利的影响力，之前作为拜占庭权力的另一个制衡力量，也在12世纪充分体现。查理曼深怀神圣罗马帝国日耳曼化的抱负，对拜占庭影响力至高无上的地位产生了威胁。

　　西方霍亨斯陶芬王朝的腓特烈二世成功地将德意志与富裕的西西里王国联合到一起。因此，他在巴勒莫建造了一座明亮的王宫，吸引了当时众多学者，并使拜占庭文化的影响力在巴勒莫得以保留。1250年，腓特烈二世去世后，西西里岛的王位传给了其庶子曼弗雷德，而其嫡子康拉德四世继承了德意志王位。随后，安茹的查理在1266年的贝内文托战役中击败曼弗雷德后，在教皇的要求下，法国安茹家族在西西里岛定居。然而，拜占庭皇帝米海尔八世的一个巧妙策略，引发了阿拉贡的彼得三世军队对"西西里晚祷事件"的干预，从而结束了法国教皇在西西里岛的统治（1282 年）。东方帝国在西西里岛的这一事件表明，自查士丁尼重新征服西西里岛以来，拜占庭在某种程度上对该岛产生了影响。

巴西尔二世

皇帝在天使和圣徒的保护下，统治保加利亚人。11世纪小彩画（威尼斯马尔恰纳国家图书馆）。

插图（右侧） 利奥六世的皇冠（威尼斯圣马可博物馆）。

拜占庭的黄金时代

随着马其顿王朝的出现，拜占庭帝国重新获得了在东欧的主导地位。像巴西尔二世这样的君主为拜占庭对帝国边境民众的统治奠定了基础。这种霸权一直持续到科穆宁王朝。然而，最严重的威胁来自西方，使帝国陷入了最严重的危机。

在阿摩利王朝没落后，拜占庭历史随着马其顿王朝的出现进入了一个繁荣时期。从 9 世纪中叶到 11 世纪中叶，我们可以说帝国经历了自查士丁尼时期以来史无前例的政治发展和领土扩张。在文化方面，人们有理由认为出现了"第一次拜占庭式的文艺复兴"。希腊文学中的伟大人物，如牧首佛提乌（Photios）和多题材作家米海尔·普塞洛斯（Michel Psellos）为此做出了贡献。许多作者认为马其顿王朝几个世纪的统治是中世纪拜占庭帝国的巅峰。这一切都始于巴西尔一世（867—886 年）的统治，他是一位出身卑微、鲜为人知的色雷斯军官：其父亲是位农民，而他自己最初是个马夫。巴西尔在获得米海尔三世的信任后夺取了其王位。他精心策划、不择手段地消灭了自己的对手——皇帝的叔父恺撒·巴尔达斯，然后谋杀了皇帝。

巴西尔一世试图通过在所有领域推行积极的政策来尽可能地实现帝国复兴的理想：从军事到立法，包括一项美化首都的计划。这位皇帝的功绩在于建立了一个普遍的法律体系。他组织出版了一本修订拜占庭法律的手册《法学手册》（Procheiros nomos）和一本帝国主要法律汇编《法学导论》（Eisagoge）。

法律和宗教信仰的监管

巴西尔一世不得不应对有威望的牧首佛提乌分裂教会的倾向，后者反对教皇至高无上的地位。皇帝在教会各个派别之间处境不稳。他决定废黜佛提乌，并恢复其强大对手伊格纳修斯（Ignace）的教职，以获得教皇的好感。869 年至 870 年召开的君士坦丁堡主教会议正式确认了佛提乌的罢免，并将其革出教门。尽管如此，东方教会的很大一部分教众和神职人员继续支持佛提乌及其反对罗马教皇的观点。巴西尔一世最终在保加利亚传教问题上反对罗马教皇。然后他改变了对佛提乌的看法，将其释放并恢复了其声誉。伊格纳修斯死后，皇帝重新任命佛提乌为牧首。879 年，在君士坦丁堡召开了一次新的主教会议，这次会议由佛提乌的支持者主持。在会议上，佛提乌得到了完全平反，并且不顾教皇特使的反对，在没有"与圣子"（Filioque）字样的情况下宣读了《尼西亚信经》（le Credo de Nicée）。甚至会上有人声称教皇的权威与其他牧首相似，从而否定了教皇至高无上的地位。教皇约翰八世大发雷霆，很快采取了行动：其使节与佛提乌及其支持者谈判失败后，教皇再次将这位君士坦丁堡牧首逐出教门。

巴西尔一世采纳教皇谕旨，对阿索斯山的修道院生活进行管理。哈尔基迪克半岛（Chalcidique）连同阿索斯山上的修道院获得了独立，并延续至今。记载这些修道院的最古老的文件是巴西尔的一份残缺不全的印章文件；但包含至今仍制约阿索斯山修道院生活的规范性文件是约翰·齐米斯西斯皇帝（Jean Tzimiskès）的《羊皮卷宪章》（Tragos）（970 年）。皇帝巴西尔二世于 985 年增加了这些特权。

在军事方面，巴西尔一世指挥了几场以绥靖为目的的战争。面对叛乱，他加强了自己的权力，巩固了拜占庭和阿拉伯人的边境。他还一度成功收复了塞浦路斯，重新征服了意大利南部领土，并与神圣罗马帝国建立了联盟，对抗亚得里亚海的阿拉伯海盗，这使他能够重获拜占庭的海上控制权，而这一控制权一直掌握在阿摩利人手中。然而，他没能守住西西里岛上最后一个拜占庭的大城市叙拉古，它在9世纪被阿拉伯人征服。阿拉伯人占领叙拉古直至11世纪。从那时起，这座城市留下了明显的拜占庭和穆斯林风格的遗迹。

巴西尔一世在一次怪异的狩猎事件中被杀。他的儿子利奥登上了王位（886—912年）。被称为"智者"的利奥六世，通过加强帝国的实力，维持了他父亲在东西方边境的现状。新皇帝遭受了一些挫败，如陶尔米那城（拜占庭在西西里岛的最后一块重要领地）的沦陷，或基辅罗斯对君士坦丁堡的偶尔袭击。这些袭击标志着俄国人介入东欧政治的开端。尽管如此，利奥六世还是设法维护了拜占庭的皇权和威望。他完成了其父亲遗留的立法工作，出版了《巴西尔法典》（*Les Basiliques*），这是一本现有帝国法律汇编，将查士丁尼的《民法大全》翻译成希腊文并加以修订，他还出版了一本关于帝国首都政府的立法手册《市政官手册》（*Livre del'éparque*）。

利奥六世于912年去世后，他的弟弟亚历山大三世短暂在位，随后其儿子君士坦丁登上了王位，即名为"生于紫室者"（意为"生于帝王之家"）的君士坦丁七世。这位皇帝的统治从913年始至959年终，他也是一位杰出的作家。

文化复兴

君士坦丁七世在位期间，与岳父罗曼努斯·利卡潘努斯（Romain Ier Léca-pène）为共治皇帝至944年，过程艰难，还实行了不利于帝国大地主和富裕阶层的立法改革。然而，他成功地维护了拜占庭的领土完整，并在促进艺术和文学发展方面做出了杰出贡献。他还于944年征服了叙利亚的埃德萨城（Édesse）。

在君士坦丁七世的领导下，马其顿王朝时期的文化达到顶峰。这一顶峰时期的特点是，拜占庭精神发展与西方不同，同时建立了拜占庭特有的艺术和文学风格。马其顿王朝时期恰好是偶像破坏运动结束的时期，因此也是宗教艺术蓬勃发展的时

西里尔、美多迪乌斯和斯拉夫人的福音传教

保加利亚福音传教和基督教传入斯拉夫世界，是希腊-拜占庭帝国对欧洲产生的最大影响。通过福音传教，东方教会战胜了本想皈依拉丁基督教的罗马。

于1880年被天主教会封为圣人的西里尔和美多迪乌斯是萨洛尼卡的两兄弟，母亲是保加利亚人。应罗斯季斯拉夫一世（Rostislav Ier）的邀请，他们开始向克里米亚和摩拉维亚的斯拉夫人居民传教。他们的传教活动扩展到保加利亚人、匈牙利人和俄罗斯人，使这些地区也深受希腊-拜占庭世界的宗教和文化影响。除了在传播拜占庭宗教和文化方面的巨大贡献外，他们还被认为首创了来源于希腊语的西里尔字母表，该字母表起初由斯拉夫神职人员使用，现运用于几种斯拉夫语言中。

插图 在圣马可修道院壁画中的圣人西里尔和美多迪乌斯，塞尔维亚国王武卡辛于14世纪在马其顿代尔切沃（Dratchevo）建造了该修道院。

君士坦丁七世

君士坦丁七世皇帝被称为"生于紫室者"（意为"生于帝王之家"），在位近50年（913—959年），也是一位杰出的文学家。

这块10世纪的象牙雕刻板描绘了基督为皇帝加冕的情景（莫斯科普希金博物馆）。

期。宗教艺术的复兴是在巴西尔一世的政治推动下开始的。人们重拾古老的神话主题，并模仿古典世界以重现《圣经》中的场景。在博学的皇帝君士坦丁七世的带领下，人们对百科全书兴趣浓厚，并重读古典希腊文化。历史学家约瑟夫·吉尼西乌斯（Joseph Génésios）是一位伟大的学者，他在10世纪启发了许多其他的历史学家，如执事利奥——保加利亚战争和马其顿王朝征战的史官、狄奥法内斯的续作者、廷臣西梅恩（Syméon）和约翰·斯凯利茨（Jean Skylitzès）。

罗得岛的君士坦丁诗人和约翰·吉尔梅特斯（Jean Géomètre）（他把那个时代发生的事件写成诗句），以及米蒂利尼的克里斯托弗和圣徒传记作者"隐喻者"西梅恩

（Syméon le Métaphraste）也在那个时代留下了他们的印记。拜占庭学术成就还包括其他著作：如《帕拉蒂纳手稿集》（l'Anthologie palatine），这是一本古典和晚期短诗汇编；《苏达》（Souda）是一本著名的拜占庭百科全书；凯撒利亚的阿莱萨斯（Aréthas de Césarée）的评注，以及约翰·希菲林（Jean Xiphilin）和米海尔·阿塔利特斯（Michel Attaliote）的历史和法律作品。伟大的米海尔·普塞洛斯特别受人关注，这位杰出的学者对马其顿王朝后继的几位皇帝和下一个王朝初期的统治者都有影响力。

君士坦丁七世也因其作品《典仪论》（Livre des cérémonies）和《帝国行政论》（Traité de l'administration）而闻名于世，他施行审慎的外交政策，传播拜占庭的威望。

他与日耳曼神圣罗马帝国建立联系。他还接待了由克雷莫诺主教利乌特普兰德（Liutprand）率领的一个西方帝国代表团对君士坦丁堡的访问。君士坦丁七世还与其他国家保持联系，特别是与科尔多瓦的哈里发阿卜杜勒·拉赫曼三世（Abd al-Rahman Ⅲ）关系良好，他可能在某天接见了基辅罗斯公主奥尔加（Olga）。君士坦丁七世死后，其儿子罗曼努斯二世（Romain Ⅱ）于959年登上王位，但在4年后突然去世。在其统治期间，将军尼基弗鲁斯·福卡斯（Nicéphore Phocas）占领了克里特岛，显露出拜占庭在地中海东部的海军力量。

恢复扩张

罗曼努斯二世去世后，他年仅5岁的儿子巴西尔被指定为继承人。巴西尔的母亲狄奥法诺皇后成为摄政者并大权在握。她的摄政是拜占庭历史上最辉煌的篇章之一，但也发生了最著名的背叛事件。在巴西尔童年时期，统治拜占庭帝国的狄奥法诺通过与她的两个情人结婚，使他们登基。第一个是将军尼基弗鲁斯·福卡斯，他在963年以尼基弗鲁斯二世·福卡斯为名登基为帝。

作为一名优秀的军事领导人，尼基弗鲁斯二世·福卡斯（963—969年）撰写了一篇关于战略的论文。他重新征服了塞浦路斯岛和奇里乞亚（Cilicie）地区，这给阿拉伯人带来了沉重打击。他通过支持边疆地区的贵族，巩固了帝国的东部边境，然后率领军队进入叙利亚。他占领了安条克和阿勒颇（Alep），并强行征收贡品。帝国再次对其以前信奉"一性论"派的繁荣地区行使权力，该地区之前被穆斯林占领。自希拉克略统治以来，这样的壮举还没有发生过。在北部边境，尼基弗鲁斯不再向保加利亚人进贡，而向他们宣战。在此期间，帝国夺回了意大利南部的巴里和塔兰托，以及西西里岛的部分地区。除了在东方的成功之外，拜占庭还加强了它在意大利南部各行省政治上的影响，改善了其与教皇的关系，并与日耳曼神圣罗马帝国进行了新的谈判。克雷莫诺主教利乌特普兰德再次前往君士坦丁堡，请求拜占庭皇帝罗曼努斯二世将其女儿嫁给未来的日耳曼皇帝奥托二世（Othon Ⅱ）。利乌特普兰德对其特使的评论揭示了两位皇帝的互不信任，他们力求使自己成为欧洲唯一的帝王头衔持有者。

尼基弗鲁斯二世·福卡斯有深厚的宗教信仰，他颁布了新的法律，保护东方修道院制度的发展。在他及其侄子约翰·齐米斯西斯的统治下，阿索斯山的修道院快速发展，成了东欧文化和宗教的典范。

圣山修道院的主要人物之一是特拉比松的阿塔纳修（Athanase de Trébizonde）[18]，其更为人熟悉的名字是圣阿塔纳修，他是皇帝的亲信。963 年，圣阿塔纳修创建了阿索斯山的重要修道院——大修道院（la Grande Laure），至今仍是修道院制度中等级较高的修道院之一。

约翰·齐米斯西斯废黜了其叔叔尼基弗鲁斯·福卡斯，并成为其叔叔的妻子狄奥法诺皇后的情人。约翰是一位年轻而有魅力的将军。他带领一群心怀不满的士兵，背叛了叔叔，与皇后合谋废黜并杀死了他。约翰一世·齐米斯西斯（969—976 年）在其叔叔的亚洲战役中表现出色，他试图保卫在小亚细亚和叙利亚所征服的领土，同时努力打击保加利亚人和俄罗斯人，并成功地将他们赶出色雷斯。他计划征服巴勒斯坦，收复耶路撒冷和圣地。在占领了叙利亚和巴勒斯坦的大部分地区后，约翰一世·齐米斯西斯于 976 年突然去世，最终未能将被征服的省份纳入帝国，但保留了安条克和叙利亚。

拜占庭对抗保加利亚人

约翰一世去世后，罗曼努斯二世 18 岁的儿子巴西尔登上了王位。绰号为"保加利亚屠夫"（le Bulgaroctone）的巴西尔二世继续致力于帝国的军事扩张，赢得了可与之前统治者们相媲美的胜利。在国内政治方面，他与大地主家族和军事贵族正面交锋，沿袭了罗曼努斯一世开辟的改革道路。他试图减少这两个阶层的强大权力，这是企图谋权篡位的不稳定因素。

对几个权贵家族的叛乱进行镇压从而巩固了其权力之后，巴西尔二世在东方打了一次闪电战。他巩固了其前任皇帝所征服的、再次被阿拉伯人围困的叙利亚领地。然后他把注意力转向了保加利亚王国。保加利亚统治者萨穆尔（Samuel）在

---

[18] 也被译为亚他那修（298—373 年），是东方教会的教父之一。 在世时，是埃及亚历山大城的主教。——译者注

拜占庭保护下的阿索斯山修道院

人们无法确切知道第一批僧侣在马其顿阿索斯山上定居的时间。根据传说，一艘载有圣母玛利亚和《福音书》作者圣约翰的船在一场可怕的风暴后在那里避难。当玛利亚上岸时，一个强大的声音说："这是上帝的母亲，让我们敬拜她"，异教的神灵纷纷跪拜。

另一个传说是，君士坦丁一世皇帝（306—337年）为了纪念圣母，在山上建造了几座教堂，尽管在5世纪之前山上没有修士生活的迹象。到了9世纪，在843年召开君士坦丁堡主教会议时，该地区已经有了庞大的修士团体。阿索斯山的第一座修道院是在不久后建立的。山上修道院的发展是由于当时帝国对偶像破坏运动的神学争端，使帝国四分五裂。这一争端导致许多修士逃往阿索斯山避难。狄奥多拉皇后在修士们的大力支持下重建了圣像崇拜，这些修士是圣像的狂热捍卫者。随后，拜占庭宗教艺术得以伟大复兴。除了精神繁荣，还有巴西尔一世（885年的金玺诏书）授予"圣山"的自治权所带来的政治和法律优势。阿索斯山因此成为一个基督教苦行圣地。

插图 右图是阿索斯山西蒙佩特拉修道院（Simonos Petra）的景色；左图是阿索斯山一个修道院后殿的门上所画的圣母像。

数次入侵帝国北部、威胁到帝国安全后，攻打了色萨利（Thessalie），并成功地占领了希腊内部。在 1000 年，巴西尔发起了一场漫长浩大的战争，旨在收复帝国这部分失地。这场战争持续了十几年，保加利亚人和拜占庭人战况胶着，例如保加利亚人占领了亚得里亚堡，而拜占庭人攻占了斯科普里（Skopje）。经过多年胜负难分，1009 年伊始，巴西尔二世终于把保加利亚人逼退至多瑙河畔。在科雷迪翁（Kleidion）战役（1014 年）中，巴西尔二世取得了决定性的胜利，并对被俘的保加利亚士兵施加了可怕的刑罚。当萨穆尔看到其伤残的战士们回

修道院的宝藏 偶像破坏运动中被禁止和破坏的圣像，在 8 世纪和 9 世纪被安放在阿索斯山修道院一个安全的地方。

插图 圣乔治圣像。

到王宫时，不忍直视，受惊而死。

巴西尔二世在多瑙河上重划了帝国的边界，这是 4 个世纪斯拉夫民族入侵以来从未发生过的情况。皇帝对克里米亚和亚美尼亚发动了进一步的军事行动，目的是保护拜占庭的通商地。由于拜占庭在意大利南部各行省重获权力和影响力，巴西尔二世在西方也功成名就。

此时，奥托三世（983—1002 年）统治着神圣罗马帝国，他是一位拜占庭公主的儿子，是希腊和东方世界的崇拜者。他立志于帝国的重新统一，并与东方帝国保持良好的关系。

科雷迪翁战役和保加利亚-拜占庭冲突

发生在 1014 年 7 月 29 日的科雷迪翁战役，将保加利亚与拜占庭的对抗推向了最后的高潮。巴西尔二世率领的拜占庭军队取得了压倒性胜利，扼杀了萨穆尔一世建立保加利亚帝国的机会，并促成了这场冲突的终结。皇帝对战俘的惩罚载入历史：几乎所有的战俘都被挖目。保加利亚人此前抵抗了马扎尔人、佩切涅格人（les Petchenègues）和罗斯人，但第一保加利亚王国无法抵御巴西尔二世的进攻。

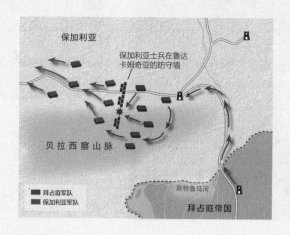

通过这次战役，巴西尔二世结束了与保加利亚沙皇萨穆尔一世的长期作战。巴西尔二世的军队与来自萨洛尼卡的塞奥菲拉特·波塔尼阿提斯（Théophylacte Botaniate）将军的部队会合，沿斯特鲁马河（Struma）和科雷迪翁航道驻扎，而保加利亚军队则驻守在一个难攻的防御阵地来保卫山谷。但一支由尼基弗鲁斯·西弗斯将军指挥的拜占庭小分队在山区进行了疲惫的行军，成功绕过了保加利亚人。被夹在两条战线之间的保加利亚人不得不放弃他们的防御阵地，以掩护他们的后方部队，而巴西尔二世的军队趁机突破了敌人的防线。数以千计的保加利亚人被杀，还有数千人被俘。历史学家约翰·斯凯利茨（11世纪）记述了巴西尔二世俘虏了15000名士兵。巴西尔二世命令挖出每100个人中99个人的双眼。剩余的人被弄瞎一只眼睛，指引双目失明的人回国。据说沙皇萨穆尔一世在看到这支伤残的军队时突发心脏病暴死。

插图 铸有巴西尔二世肖像的货币，他在这次科雷迪翁战役后被称为"保加利亚屠夫"。

至于拜占庭的意大利，其南部受到阿拉伯人的威胁，北部受到伦巴第人的威胁，同时还有一个新威胁：诺曼人。这个斯堪的纳维亚民族在巴里的梅勒斯（Mélos）号召下抵达意大利南部，梅勒斯部队是伦巴第的叛军，曾起兵反抗拜占庭。然而，巴西尔二世的军队，包括这位皇帝组建的传奇性的瓦朗吉亚人卫队，在坎尼之战中击败了梅勒斯。这次胜利确立了拜占庭在意大利长达十几年的统治。

回归混乱时期

1025 年巴西尔二世去世时，拜占庭帝国已经恢复了阿摩利王朝之前的疆域，甚至夺回了 3 个世纪到 4 个世纪前失去的一些领土。但这位皇帝的死使拜占庭帝国出现了历史断层。拜占庭进入了一个严重的政治动荡和混乱时期，帝国皇位频繁更替。这一时期发生了一些对帝国有重大影响的事件：新敌人的出现以及与罗马教会的最后抗衡。

巴西尔二世之后由其弟君士坦丁八世继位，但其短期统治足以证明他的残忍和无能。普塞洛斯的编年史详细描述了这一点："他意志薄弱，对权力没有特别的兴趣……由于他年事已高，不能再发动战争，任何不祥之兆都能让他焦躁不安。当帝国周围的蛮族起义反抗帝国时，他用尊严和礼物击退他们。至于臣民中那些反叛的人，他对他们进行可怕的惩罚；如果认为某人是革命者或叛乱分子，他不等其行动，就对其施加惩罚，他不是用恩惠，而是用刑罚征服其臣民。他性格暴躁，情绪极易失控，又轻信谣言，特别是对那些他怀疑觊觎帝国权力的人。为此，他对他们施加酷刑：他不会驱逐和监禁他们，而是立即用铁器挖出他们的双眼。"

君士坦丁八世于 1028 年去世，他没有儿子，这使其两个女儿佐伊和狄奥多拉得以继承王位。佐伊将其丈夫罗曼努斯三世·阿吉鲁斯（Romain III Argyre）推上王位，罗曼努斯三世是一位宫廷贵族，曾是君士坦丁堡市政官（éparque），他只在位了几年，于 1034 年暴毙，皇后佐伊随后扶持她的情人米海尔登基，米海尔是她最喜欢的宦官约翰的弟弟。平民廷臣出身的米海尔四世一直统治到 1041 年，并因其出生地而被称为帕夫拉戈尼亚人。有人怀疑，佐伊及其情人米海尔与约翰共谋杀害

拜占庭和保加利亚

拜占庭帝国是沙皇萨穆尔统治的第一保加利亚王国的宿敌。然而，保加利亚文化深受拜占庭文化和宗教影响，帝国是年轻的斯拉夫王国的政治典范。保加利亚的里拉修道院由一位被东正教教会列为圣人的修道士圣约翰·里拉在 10 世纪建立。

了罗曼努斯三世，让他在浴缸里中毒死亡。我们从史学家米海尔·普塞洛斯（1018—1078 年）的编年史中（从巴西尔二世执政开始记载）了解到这个动荡时期。

在米海尔四世统治时期，帝国北部地区受到了塞尔维亚人和佩切涅格人的攻击，佩切涅格人是来自大草原的突厥语系民族。相反，皇帝在西方赢得了伟大胜利。乔治·马尼亚克斯（Georges Maniakès）将军率领的罗斯瓦朗吉亚人卫队被派往西西里岛，旨在从阿拉伯人手中夺回该岛（1038 年）。拜占庭军队占领了墨西拿和叙拉古，并在一段时间内建立了帝国对该岛部分地区的统治。但拜占庭政府担心马尼亚克斯将军变得过于强大，于是替换了他。没有这位将军为首，拜占庭军队就无法重新征服西西里岛。

　　米海尔四世可能死于一种类似于癫痫的慢性疾病。他的侄子米海尔五世短暂继位，他于 1041 年应宫廷宠臣宦官约翰的要求登基。米海尔五世试图剥夺约翰和佐伊的权力，从而摆脱这两个人的控制，成为一位独立的皇帝。可惜是徒劳的：操控帝国政治数年的佐伊女皇极受欢迎，民众要求她重新掌权。起义人群包围了王宫，并成功地将佐伊及其妹妹狄奥多拉一起再次推上王位。米海尔五世在斯图迪翁修道院避难，但仍不能阻止佐伊将其阉割和挖目，以惩罚他的大不敬。

教会大分裂

　　1042 年，女皇佐伊掌权，但她违心地与其妹妹共同执政。她很快就被迫第三次结婚。她选择了宫廷旧情人君士坦丁·莫诺马赫（Constantin IX Monomaque）[19]，他被加冕为君士坦丁九世。就像先前狄奥法诺皇后及其两个情人一样，佐伊成功地协助三位丈夫登上王位。她是拜占庭历史上权力较大的女性之一。1050 年佐伊去世后，君士坦丁九世仍在位统治了 5 年。由于君士坦丁九世积极促进君士坦丁堡艺术和科学的发展，米海尔·普塞洛斯对这位皇帝的评价非常高，并因他恢复了对古希腊哲学的研究而授予其"哲学家执政官"的美名。

　　君士坦丁九世统治时期发生了几件对拜占庭历史至关重要的事件。1045 年，拜占庭军队征服了阿尼亚美尼亚王国。这是帝国与其未来的伟大对手——塞尔柱突厥人（Seldjoukides）之间的第一次对抗。在北部边境，君士坦丁九世·莫诺马赫对佩切涅格人的最后一次远征以拜占庭军队的惨败而告终（1046—1047 年）。因此，帝国受到了来自突厥人和斯拉夫人的双重压力。最后，另一个事件永久改变了欧洲的政治和精神格局：教会大分裂。

　　东西方教会之间的分歧已经导致了许多紧张局势和冲突的发生，而佛提乌引起的教会分裂为最终大分裂创造了理论条件。大分裂属于教义上的分裂，但潜在的政治原因也起了作用。西方帝国试图减少东方教会的精神影响——特别是支持罗马教

---

[19] 莫诺马赫意为"单独战斗者"。——译者注

佐伊女皇和权力的诱惑

约出生于 **978** 年的女皇佐伊继承了其父亲君士坦丁八世的王位，成为中世纪拜占庭乃至整个欧洲权力较大的女性之一，就像之前的伊琳娜或狄奥法诺一样，佐伊扶持她的三位丈夫登上王位。她也曾单独执政，后来又与其妹妹狄奥多拉共同执政。

她们的父亲君士坦丁八世去世时没有儿子，佐伊及其妹妹狄奥多拉便继承了王位。佐伊不得不结婚，并决定嫁给前君士坦丁堡总督罗曼努斯·阿吉鲁斯，但罗曼努斯三世在位时间不长。关于罗曼努斯三世的死因，据传是被佐伊毒死的，为了让她的情人米海尔四世登基，后来米海尔四世成为佐伊的第二任丈夫。他死后，其侄子米海尔五世被加冕为王，并剥夺了佐伊的权力。佐伊利用自己在民众中的巨大影响力，策划推翻新皇帝的阴谋。她成功逼迫皇帝退位，并将其第三任丈夫君士坦丁九世·莫诺马赫推上了王位。佐伊于1050年去世。

插图 该11世纪的马赛克描绘了基督坐在宝座上，周围是君士坦丁九世和佐伊女皇（伊斯坦布尔圣索菲亚大教堂）。

会的意大利新诺曼政府。意大利南部已经成为东西方教会冲突的宗教战场。拉丁教会希望将其影响力扩大到那些仍由拜占庭控制并受制于东方神职人员的领土。

利奥九世成为教皇后，在克吕尼运动（le mouvement clunisien）的启发下推行新的宗教政策，旨在"清除"教会中令西方不满的东方世俗传统，特别是修士结婚，并将罗马教义包括"与圣子"的句子在整个基督教世界普及。教皇利奥九世认为，教皇作为罗马帝国的真正继承者，也应该行使世俗权力。

著名的伪造文件"君士坦丁的赠礼"（Donation de Constantin）的首次使用可以追溯到这一时期。这份给予君士坦丁大帝的文件，将罗马教皇的地位置于其他牧首之上，并赋予其帝国的权力。15 世纪的意大利人文主义者揭露了这个可追溯至 8 世纪的骗局。利奥九世与君士坦丁堡牧首米海尔·塞鲁拉利乌斯（Michel Cérulaire）之间发生了强烈的个性冲突，后者不接受教皇的傲慢无礼和西方教会的做法。

东西方教会进行了多轮谈判，均以失败告终。1054 年，经过几次挑衅后，教皇的使节谴责牧首，

君士坦丁九世

在女皇佐伊的最后一位丈夫君士坦丁九世统治时期，因皇帝热爱文化，普塞洛斯授予其"哲学家执政官"的美名。拜占庭帝国第一次与塞尔柱突厥人有所接触。这顶王冠属于君士坦丁九世，其在位时间为 1042 年至 1055 年（布达佩斯匈牙利国家博物馆）。

编年史作者斯凯利茨和拜占庭历史学家们

拜占庭人意识到需要记载历史，相关作者群体接连不断地辛勤耕耘，以使帝国所有时期都被载入史册。拜占庭的历史编纂并不缺乏伟大的名字，从普罗科皮乌斯关于查士丁尼与哥特人战争的编年史，到米海尔·普塞洛斯的皇帝生活纪事。约翰·斯凯利茨的作品是这类纪事中的范例。他的著作《历史概要》（*Synopsis historiarum*）写于11世纪下半叶，叙述了9世纪以来拜占庭皇帝的事迹。这份手稿保存在马德里国家图书馆，是一本附彩画的文稿，其中彩画描绘了各个战役和历史事件。每幅彩画还单独附有注释，如希腊火、尼西亚或萨洛尼卡的景色。它是现存的唯一附彩画的拜占庭编年史。

玛拿西的编年史

君士坦丁·玛拿西（Constantin Manassès）

在曼努埃尔一世·科穆宁（Manuel Ier Comnène）统治期间，应其弟媳伊琳娜·科穆宁的要求，以韵律形式编写了一本广受欢迎的编年史。这部编年史从世界的起源写起，直至尼基弗鲁斯·波塔尼阿提斯（Nicéphore Botaniate）统治结束（1081年）。这部编年史被翻译成几种斯拉夫语言，并广为流传。

插图　14世纪制作的保加利亚手抄本的局部（梵蒂冈图书馆，罗马）。

❶ 文献　该抄本是拜占庭留存下来的书籍宝藏之一。斯凯利茨在书中提到了他在帝国官僚机构中的成员身份（可能是在阿莱克修斯一世时期），并赞扬了早期的历史学家和批评了他的继任者。这份手稿应该是在西西里岛或意大利南部抄写并附彩画的。

❷ 作品　这部编年史的时间跨度为811年至1057年。它接续了忏悔者狄奥法内斯（Théophane le Confesseur）的作品，与普塞洛斯提供的历史版本大相径庭。该作品是了解当时帝国的内部政治及其与其他民族（如斯拉夫人）关系的宝贵文献。

❸ 彩画　手稿中幅彩画由塞巴斯蒂拉克·埃斯托巴南 stian Cirac Estopañ 1965年首次出版，彩画的研究至今续，它们提供了队、民众或宫廷概况以及仪式、围城和狩猎场景些彩画是由不同家绘制的。

拜占庭帝国以其在书面文化传播方面的杰出贡献而闻名于世，具体地说，是在从古代到文艺复兴的希腊语文学的传播中发挥了重要作用。尽管图书馆被毁和材料易损（如手抄本的羊皮纸），但今天我们仍拥有约40000份拜占庭手稿，这让我们大致了解了拜占庭时期书籍的数量。拜占庭的修道院对这一烦琐庞杂的文化传播工作做出了杰出贡献。正如伟大的编年史、科学书籍——如迪奥斯科里德斯（Dioscoride）的《药物学》，或附彩画的宗教书籍所证明的那样，当时书籍被认为是文化奢侈品，几乎是推崇的对象。大型手抄场所包括世界第一的君士坦丁堡帝国大学、阿索斯山、西奈半岛的圣凯瑟琳修道院（Sainte-Catherine-du-Sinaï）和帕特莫斯（Patmos）修道院。手抄工作遭遇了一些危机，特别是在偶像破坏运动时期。但在帕莱奥洛戈斯王朝（Paléologues）时期和拜占庭晚期，学者马克西姆·普朗德斯（Maxime Planude）和红衣主教贝萨利留等恢复了文稿手抄工作。拜占庭首都沦陷后，东方帝国的手抄员在西方各城市避难，从佛罗伦萨到萨拉曼卡，并把希腊书籍的手抄技艺传到了这些城市。

着色 绘制彩画的家的色彩提纯技术出色。我们可以发色风格上的差异。专家鉴定，至少有着色流派：一种与庭帝国传统相关另一种更接近西方和阿拉伯传统。

5 准确性 这些彩画并非都百分百还原拜占庭的圣像。早期的版本是根据历史现实来描绘皇帝、他们的服装和礼仪。后来又根据帝国的圣像进行了修改润色。在手稿的最后部分，彩画变得更加贴近现实。

6 保存 这份手稿保存良好，使其成为了解拜占庭帝国以及通过文字和彩画传播历史的杰出文献。此外，这部作品反映了一个精神世界，在这个世界里，不同出身和文化背景的艺术家思想交融，碰撞出智慧的火花。

礼仪之书 这个复制品制作于9世纪（威尼斯马尔恰纳国家图书馆）。

从而导致了最终的决裂。米海尔·塞鲁拉利乌斯作为回应也召开了会议，将教皇的使节全部逐出教会。君士坦丁九世试图进行干预，因为他想获得教皇的支持，以对抗诺曼人在拜占庭意大利领土上的巨大影响力。他于1055年去世，没有成功恢复和谐的局面。亚历山大城、安条克和耶路撒冷等地的东方牧首团结在君士坦丁堡大牧首身边，而西方的牧首则支持教皇。这种彻底大决裂后来被证明对拜占庭帝国是致命的，而它在西方的影响有限，在西方它被视为教会分立和信仰的公敌。十字军东征清楚地表明，随着拜占庭进一步远离西方，它正在走向衰落。在接下来的几个世纪突厥人入侵帝国时，拜占庭的孤立导致它得不到任何援助。

科穆宁王朝

随后帝国进入了一段动荡和衰落时期，直至新的科穆宁王朝巩固了其帝国的统治，动乱时代才结束。君士坦丁九世去世后，威望高的佐伊女皇的妹妹狄奥多拉掌权，但年迈的她于次年就去世了，马其顿王朝也随之走向灭亡。由于没有后代，狄奥多拉在临终前任命了她的继任者，罗曼努斯二世的前大臣米海尔·布林加斯（Michel Bringas）以米海尔六世·斯特拉蒂奥蒂科斯（意为"好战者"）（Michel Ⅵ Stratiotikos）的名义即位，其在位时间很短。

军方认为这个出自朝臣的皇帝是非法的。1057年，军方的敌意最终导致了贵族阶层的叛乱。贵族阶层拥立拜占庭军队中地位最高的将军伊萨克·科穆宁（Isaac Comnène）为皇帝。在君士坦丁堡牧首米海尔·塞鲁拉利乌斯的支持下，米海尔六世被废黜和流放，但出人意料地未被迫害，并保住了他的双眼。因此，一个将发挥重要作用的王朝登上了历史舞台：科穆宁王朝。王朝的创始人伊萨克一世·科穆宁在查士丁尼一世大帝和巴西尔一世大帝的启发下，带着帝国复兴的宏图大志登上了王位。为此，他开始征税，并对佩切涅格人发起军事行动，其目的是恢复拜占庭军队的威望，这被认为是帝国复兴的基础。但结果并不尽如人意，伊萨克一世最终在哲学家和政治家普塞洛斯的逼迫下退位了。他退位后到斯图迪翁修道院隐居，并致力于荷马史诗的研究。他在退位两年后，即1061年去世。

伊萨克一世的一位政治亲信君士坦丁十世·杜卡斯（Constantin Ⅹ Doukas）

军官的权力：指挥官登上王位

　　这一时期的几位皇帝，从尼基弗鲁斯·福卡斯或约翰·齐米斯西斯到米海尔六世，最初都是军队中的指挥官。他们的军事知识使拜占庭军队赢得了伟大的胜利，在很长一段时间内巩固了帝国的边境。军人阶层最终成为皇帝的"培养基地"。

　　希拉克略皇帝曾是来自非洲辖区的高级军事指挥官。作为一名出色的将军，他参与了反对福卡斯皇帝的国内叛乱，并赢得了胜利和王位。其他许多将军为了获得权力而诉诸暴力。亚美尼亚人利奥五世（813—820年）也是军队中的高级指挥官，在解决与保加利亚人的冲突之前，他以武力篡夺了米海尔一世的王位。尼基弗鲁斯二世·福卡斯是拜占庭历史上成功的军事皇帝之一，他来自卡帕多西亚家族，该家族出了几位著名的拜占庭将军，例如尼基弗鲁斯二世的亲弟弟利奥。他的侄子和继任者约翰一世·齐米斯西斯协助他在东方的战役中取得了胜利，但最终却谋反，刺杀了他并篡夺了王位。正如罗马时代所发生的那样，军事皇帝有可能破坏帝国的稳定。

　　插图　绘有伊萨克一世·科穆宁肖像的马赛克，另一个军事皇帝的例子（伊斯坦布尔乔拉圣救世主教堂）。

被任命为继任者，在位时间至 1067 年。与其前任皇帝不同，君士坦丁十世关心国内事务，并把执政重点放在财政和行政上，而不是军务上。在其统治期间，帝国的意大利领地被诺曼人接连占领。突厥人对拜占庭采取了第一次军事行动，占据了亚美尼亚和卡帕多西亚（Cappadoce）的部分地区。因此在这个王朝的初期，复兴帝国的理想还远未实现。

拜占庭军队在君士坦丁十世·杜卡斯的继任者的统治时期遭受了一场彻底的灾难。君士坦丁十世死后，他的遗孀嫁给了贵族罗曼努斯·第欧根尼（Romain Diogène），此人加冕为罗曼努斯四世皇帝。新皇帝决心通过夺回失去的领土来报复突厥人，他召集了一支大军远征，并成功地将敌人赶回到幼发拉底河畔。他冒险将部队分成两支特遣队，用其中一支部队占领了曼齐科特（Manzikert）的据点。但苏丹阿尔普·阿尔斯兰（Alp Arslan）的突厥军队前来迎战，并以压倒性优势赢得了曼齐科特战役（1071 年）。罗曼努斯四世在这次战役中被突厥人俘虏，这可能是由于缺乏前任皇帝家族在军事上的支持，甚至是对其背叛。尽管如此，罗曼努斯四世还是签署了一份对拜占庭没有太多惩罚的和平协议，尽管他不得不割让曼齐科特、希拉波利斯（Hiérapolis）、埃德萨和安条克。

与此同时，首都发生的叛乱使君士坦丁十世·杜卡斯的儿子米海尔登上了王位，他加冕为米海尔七世·杜卡斯皇帝。罗曼努斯四世被突厥人击败，又被自己的臣民背叛，只剩下几个忠诚的士兵，他们被杜卡斯指挥的部队打败。罗曼努斯四世被关押，在得到其人身安全保证后放弃了王位。然而，他还是被刺瞎了双眼，并被禁锢在一座修道院里。苏丹比他自己的同胞对待他更人道。

在东部边境，农村贵族与支持皇帝的城市贵族相抗衡。这种敌对再次说明了首都和各行省之间复杂的动态关系。边境贵族对他们的突厥邻居——加齐人（ghazis）友好，他们与加齐人有着密切的联系。通过这种方式，他们使帝国成为拉丁西方与伊斯兰土库曼东方，以及斯拉夫北方与马穆鲁克南方之间的特殊调停地区。但正如阿拉伯人之前对埃及的征服一样，11 世纪安纳托利亚（Anatolie）的失守对拜占庭的经济是一个沉重的打击。由于陆路和海路贸易路线众多，边境地区具有举足轻重

的经济地位。东部突厥部落和北部斯拉夫人的政治崛起，迫使帝国将注意力转向拉丁人的西方。

米海尔七世的短暂统治并没有让帝国完全恢复元气，因为这位曾是米海尔·普塞洛斯学生的皇帝只对学习和文学感兴趣，这对内部和外部政治产生了迅速的影响。此外，糟糕的财政状况导致了货币贬值和过度征税，这让民众感到不满。米海尔七世的绰号 Parapinakès 就是"贬值者"的意思。更糟糕的是，外部威胁加剧了：除了东线危机外，在意大利南部，强大的诺曼公国罗伯特·吉斯卡尔（Robert Guiscard）夺取了巴里。这块以前坚不可摧的拜占庭最后属地，在经过漫长而痛苦的被围困后，于 1071 年沦陷。

[20] 土耳其东部山区的内陆咸水湖。——译者注

拜占庭的亚美尼亚

亚美尼亚是帝国的一个重要行省，以至于有几位皇帝据说是亚美尼亚人，如希拉克略或巴西尔一世。阿克达玛圣十字大教堂从 12 世纪到 1895 年一直是亚美尼亚使徒教会的主教所在地。

插图 凡湖[20]上的阿克达玛岛教堂建于 10 世纪。

卡帕多西亚，一个精神高地

从 4 世纪到 11 世纪，卡帕多西亚是拜占庭帝国发展的一个重要地区：它是一个精神高地，一个伟大的艺术和文化中心，也是东方教会最伟大的神学家，卡帕多西亚教父的故乡。该地区被塞尔柱人占领，标志着拜占庭帝国衰落的开始。

自4世纪和5世纪以来，卡帕多西亚历来是东方基督教的圣地。凯撒利亚的巴西尔（Basile de Césarée）、纳齐安泽的格里高利（Grégoire de Nazianze）和尼萨的格里高利（Grégoire de Nysse）等有影响力的杰出神学家都来自这个地区。他们在圣马克里纳（sainte Macrine）身边接受培训，圣马克里纳是一位受人尊敬的精神导师，也是格里高利的姐姐，格里高利写了一篇关于她模范人生的记叙。在这一时期，卡帕多西亚的精神信仰与巴勒斯坦和埃及的伟大基督教圣地的精神信仰同步发展。现存举世闻名的岩穴教堂和装饰华丽的地下墓穴，其历史可以追溯到5世纪至7世纪，是宝贵的宗教财富。在8世纪至9世纪震动帝国的偶像破坏运动的高峰期，许多教堂遭受严重破坏。幸运的是，还有一些教堂幸免于难。宗教信仰和对精致装饰的掩盖，使这些教堂免遭偶像破坏者的毒手。1071年的曼齐科特战役以塞尔柱人击败拜占庭人而告终，这是一场决定性的战役，此后拜占庭帝国逐渐失去了这个象征性地区，它被帝国最大的敌人所统治。

插图 卡帕多西亚格雷梅山谷中5世纪晚期的恰乌辛施洗约翰教堂的入口，卡帕多西亚有许多拜占庭的岩穴教堂。

这样，拜占庭在意大利长达 5 个世纪的统治结束了，帝国复兴的夙愿也消失殆尽。

1054 年教会大分裂后，教皇得到了吉斯卡德诺曼人的军事支持。他们开始征服意大利拜占庭的最后领地，在这些具有东方传统的行省中进行了一场强加西方宗教仪式的运动。与此同时，保加利亚人和匈牙利人开始在帝国边境制造麻烦，他们威胁要重建强大的王国：彼得·德尔扬（Pierre Deljan）于 1041 年起义，而君士坦丁·博丹（Constantin Bodin）在 1072 年被封为保加利亚沙皇。同时，突厥人开始在帝国内部争端中发挥重要作用，支持特定的王位候选人。

黑暗教堂　因其光线微弱而得名，是位于格雷梅的一座教堂，装饰有12世纪的宏伟壁画。

第一次十字军东征

面对突厥人的威胁，米海尔七世不得不第一次向西方求助。他向教皇格里高利七世求助，允诺他将促使教会的联合以报答教皇的援助。帝国显然需要一个充满活力的政府来指挥军事事务，以扭转局势。1078年，在经历了几次叛乱后，将军尼基弗鲁斯·布里尼乌斯（Nicéphore Bryenne）和尼基弗鲁斯·波塔尼阿提斯（Nicéphore Botaniate）在各自的驻地巴尔干地区和安纳托利亚起义，反对皇帝米海尔七世。突厥人帮助波塔尼阿提斯起义，这使他能够比布里尼乌斯有优势，从而快速抵达首都。他以尼基弗鲁斯三世的名号加冕称帝，在位时间只是到 1081 年：他年事已高，威望不足，无法从贵族阶层获得他所需要的支持，他的统治处于不稳定和混乱状态。帝国的几个宿敌利用这一机会，从亚美尼亚起义到色雷斯带有宗教色彩的叛乱在各条战线上攻击帝国。勇猛的罗伯特·吉斯卡尔率领诺曼人成为第一个入侵拜占庭帝国的西方执政者：他以保卫作为王位候选人的杜卡斯家族的一位亲属为借口，向巴尔干地区派出了一支军事远征队。

尼基弗鲁斯三世被迫退位，由先帝伊萨克·科穆宁的侄子、与杜卡斯家族有亲戚关系的阿莱克修斯继任。阿莱克修斯于 1081 年登上王位，开启了政治复兴之路，作为军人派和行省大土地所有者的代表，以铁腕手段进行统治。阿莱克修斯一世·科穆宁在 1081 年至 1118 年期间执政，他结束了帝国漫长的混乱时期。他开始了一个更加务实的执政时期，对形势有新认识，并迅速做出反应，以便找到解决方案。

新的国际局势使拜占庭沦为一个中等规模的欧洲国家，尽管它仍然拥有被敌人们觊觎的庞大象征性遗产。出于这个原因，阿莱克修斯热衷于进行战争和对抗，以加强帝国的战略地位。对新皇帝来说，当务之急是要应对各条战线上的复杂挑战，最迫在眉睫的是诺曼人的入侵，他们已经成为教皇对抗拜占庭的武装力量。在占领了克孚岛（Corfou）和迪拉基乌姆（Dyrrachium）后，诺曼人威胁要沿着埃格纳蒂亚古道向首都进军。罗伯特·吉斯卡尔将拜占庭人赶出了意大利南部，并向帝国的中心地区进发，那里仍然是整个欧洲的政治中心。诺曼公爵的钱币显示，他倾向于被描述成一位皇帝，而且有很多证据表明，在他的公国里保留了拜占庭的传统和习俗。

当吉斯卡尔围攻拉里萨城时，阿莱克修斯迎战。双方交战了几个回合，直到皇帝在迪拉基乌姆被打败（1081 年）。这次战败促使他以外交方式逼迫诺曼人撤军。阿莱克修斯游说威尼斯人帮助他对抗诺曼人——他们的共同敌人。他还说服日耳曼皇帝亨利四世进攻意大利，以转移吉斯卡尔的注意力。被亨利四世围困在罗马的教皇格里高利七世，要求诺曼人帮助他保卫领地。吉斯卡尔成功地赶走了日耳曼人，但他的部队抢掠了罗马。当诺曼公爵回到拜占庭前线时，帝国军队已经收复了失地。吉斯卡尔不久后死于高烧，他的去世暂时消除了诺曼人对帝国的威胁。

10 世纪的异端潮流：鲍格米勒教派（Bogomiles）

10 世纪时，东方基督教出现了新的异端。它们对拜占庭帝国构成了政治挑战，特别是在色雷斯、保加利亚和其他斯拉夫性很强的地区。其中一种异端是鲍格米勒派，这是一个诺斯替和摩尼教教派，提倡回归基督教的起源。其名称来自该教派的创始人鲍格米勒，在古代斯拉夫语中，鲍格米勒的意思是"上帝之友"。

尽管保加利亚人在9世纪末以鲍里斯一世为榜样皈依了基督教，但各种潜在的宗教潮流和新的二元异端倾向正在远离君士坦丁堡的东正教。在这种背景下，出现了一场在该地区广泛传播的摩尼教运动：鲍格米勒教派。该教派认为上帝有两个儿子，善与恶（米迦勒和撒旦），耶稣是人间第一个儿子的化身。鲍格米勒派没有教会等级制度。他们在修道院里过着清苦的生活。阿莱克修斯一世严厉地镇压了在阿尔巴尼亚和波斯尼亚山区避难的鲍格米勒派教徒。后来，在奥斯曼帝国的统治下，许多鲍格米勒派教徒皈依了伊斯兰教。有些人去了西方，影响了其他起源于诺斯替教派的异端学说，比如清洁派[21]教义。

插图 诺斯替护身符装饰以撒献祭的场景。

随着诺曼问题的解决，拜占庭皇帝开始镇压色雷斯的鲍格米勒教派和保罗教派的起义。鲍格米勒教派是一个在首都贵族阶层里传播的异教，有巨大的政治威胁，因此阿莱克修斯处决了鲍格米勒教派神甫巴西尔。阿莱克修斯还打击了佩切涅格人，他在钦察人（Coumans）的帮助下于1091年击败了佩切涅格人。在这场残酷的战役中，他还消除了巴尔干地区的其他威胁。于是他可以全力以赴地对抗帝国即将面临的最大威胁：突厥人。

自从在亚美尼亚与拜占庭人第一拨交战以来，塞尔柱

---

[21] 清洁派（法文为 cathare，英文为 Catharism），又译作纯洁派或纯净派。常泛指受摩尼教影响而相信善恶二元论和坚持禁欲的各教派。——译者注

耶路撒冷

在第一次十字军东征期间，圣城被基督徒征服，他们在那里建立了一个由布永的戈弗雷（Godefroi de Bouillon）统治的拉丁王国。这幅来自约旦马达巴圣乔治拜占庭教堂的马赛克地图的局部，是这座城市现存古老（6世纪）的代表性遗迹之一。

突厥人就在西亚定居，他们在那里建立了几个国家，威胁着帝国的领土完整。在曾给拜占庭带来曼齐科特灾难（1071年）的第二位塞尔柱苏丹阿尔普·阿尔斯兰的领导下，突厥人已经推进到小亚细亚的中心地区，统治了奇里乞亚和卡帕多西亚。塞尔柱人利用帝国的混乱状况，轻易就渗透到小亚细亚的西部行省，甚至抵达了尼西亚城，首都的门户。

面对这种灾难性的局面，阿莱克修斯一世像他之前的米海尔七世一样，请求教皇帮助击退突厥人的威胁，作为交换，他承诺教会将和解。1091年，阿莱克修斯一世在一封真实性有争议的信中呼吁西方帮助对抗异教徒，信中写道："他们威胁要占领君士坦丁堡，除非上帝的手和拉丁王子们的手臂武装起来保卫它。"然而，阿莱克修斯一世并没有如愿得到军事增援，而是面临着第一次十字军东征，这是教皇乌尔班二世在克莱蒙特会议上庄严宣布的。

自9世纪以来，前往耶路撒冷的朝圣活动一直很盛行。加利西亚修女以太（Éthérie）在4世纪开辟了道路，英国圣人威利博尔德（Willibald）也因在8世纪完成了圣地之旅而闻名。从9世纪开始，西方统治者鼓励和保护朝圣活动。在10世纪，拜占庭征服了叙利亚和巴勒斯坦，朝圣者的数量增加了。然而，埃及法蒂玛王朝征服巴勒斯坦后，局势改变了。1009年，法蒂玛哈里发哈基姆（calife fatimide al-Hakim）下令摧毁耶路撒冷的复活教堂和各各他教堂（Golgotha）后，前往圣地变得困难。拜占庭人在曼齐科特被击败，突厥人控制了小亚细亚的道路后，朝圣变得更加复杂。教皇乌尔班二世声称他想为朝圣者腾出这些道路。他呼吁十字军东征的动机实际上有以下三点：一是当时的精神运动如克吕尼派的运动影响，二是教皇希望统一基督教，三是以此举应对西欧的社会和人口压力。

在这种政治背景下，为着宗教的名义，为了响应拜占庭人的号召，大批十字军战士，其中大部分是手无寸铁的平民，跟随神秘的传教士"隐士"彼得（Pierre l'Ermite）来到君士坦丁堡。他们相信，在上帝的帮助下，他们可以把圣地从异教徒手中解放出来。十字军向东行进，摧毁了他们所占领的地方。1096年至1097年，当他们在君士坦丁堡的门口聚集时，皇帝阿莱克修斯一世发现自己面临着一个严重的问题。在首都附近看到十字军战士后，他决定尽快把他们送到突厥人的领土去。他们随后被塞尔柱军队屠杀。

不久之后，第二拨十字军战士来了。这一次，由布永的戈弗雷、塔兰托的波西蒙德（Bohémond de Tarente）和图卢兹的雷蒙德（Raymond de Toulouse）率领一支庞大的军队宣誓效忠拜占庭皇帝，并承诺承认他从突厥人手中夺取的领土的主权。至于阿莱克修斯一世，他承诺为十字军的运动提供物质支持。他允许重新征服大片领土，包括尼西亚和士麦那（Smyrne）等主要城市，以及希俄斯岛（Chios）和罗得岛等岛屿。然而，基督教联盟内部很快就出现了分歧。

由于宗教分歧，拉丁人和希腊人之间相互不信任。十字军感到被拜占庭舰队抛

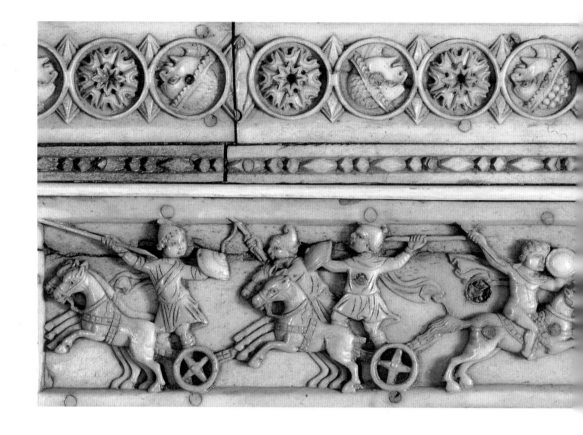

战斗场景

在科穆宁时代，拜占庭帝国不得不应对边疆民族和西方国家的敌意，正如 10 世纪拜占庭箱子装饰的局部所呈现的那样。

弃了。当布洛涅的鲍德温占领埃德萨时，他不承认阿莱克修斯一世皇帝的权威，并宣布自己为城市伯爵。他开了一个先例，在十字军征服的土地上建立了一个按照西方封建制度组织的基督教公国。鲍德温被亚美尼亚国王埃德萨的托罗斯收拢，加强了其对王位的统治，进一步削弱了拜占庭的权威。后来，具有象征意义的安条克被基督徒夺回，置于诺曼人塔兰托的波西蒙德的统治之下，他也在那里建立了一个封建公国。

当十字军到达圣地时，这一小块领土被称为"耶路撒冷王国"。它由布永的戈弗雷统治，他宣称自己是"圣墓的忏悔者"。这些拉丁国家的诞生给阿莱克修斯一世带来了一个新的问题。皇帝不得不应对安条克的诺曼君主波西蒙德，他也许会

跟随吉斯卡尔的脚步，计划从他的普利亚公国入侵拜占庭。但阿莱克修斯一世最终成功地打败了诺曼人，并使他们成为附属国。

在阿莱克修斯一世的统治下，拜占庭国家有了一个新的开始，摆脱了长期的衰落。阿莱克修斯一世与贵族家庭建立了个人联系，从而稳定了帝国，并开启了一个新时代，他的王朝在其中发挥了重要作用。然而，新的挑战正在出现，主要是在西方。阿莱克修斯一世的女儿、历史学家安娜·科穆宁娜，《阿莱克修斯传》的作者，是她父亲统治时期的杰出编年史家，从拜占庭的角度记录了宫廷冲突和第一次十字军东征。

约翰二世·科穆宁和伊琳娜皇后（第166—167页）

皇帝约翰二世·科穆宁因其慷慨的灵魂和对那些密谋反对他之人表现出的宽大仁慈而被称为"好人"。他在巴尔干地区采取了有效行动。图为11世纪马赛克（伊斯坦布尔圣索菲亚大教堂）。

安娜和"美男子"约翰（Jean Le Beau）[22]

阿莱克修斯一世死后，其子约翰二世（他还在幼年时就已经被宣布为共治皇帝）被选为继承人，而牺牲了小尼基弗鲁斯·布里尼乌斯，约翰二世的妹妹安娜的丈夫，也是一位历史学家。安娜发现自己处于宫廷阴谋的中心，她和母亲伊琳娜皇后密谋推翻自己的哥哥，让她的丈夫尼基弗鲁斯加冕。但丈夫发现了阴谋，不愿跟随她。安娜说过一句名言："大自然对我们做错了，他应该是那个女人。"阴谋暴露后，安娜被关在一个修道院里，在那里她致力于写作。

这个家族阴谋是被称为"美男子"的约翰二世（1118—1143年）上台后必须面对的第一个困难。他对母亲和妹妹很仁慈。约翰成功地延续了他父亲在东方的政策，并对奇里乞亚、亚美尼亚和他征服的拉丁安条克公国发动了一场辉煌的军事战役。

皇帝随后凯旋进入安条克。他将政治努力集中在加强拜占庭在小亚细亚的影响。然而，他不得不与西方宫廷保持密切的关系，后者在帝国内的影响力越来越大。

在他统治期间，发生了一件对帝国特别不利的事件：拜占庭在西西里岛和意大利南部声称拥有主权的领土，合并归诺曼国王罗杰二世统治。

这个拜占庭人的死敌宣布成为国王。此外，威尼斯人的贸易特权是个棘手问题，对拜占庭政府施加的压力与日俱增。约翰二世试图结束威尼斯人商业上近乎垄断的地位，但没有成功。

曼努埃尔一世的艰难统治

约翰二世的继任者曼努埃尔一世（1143—1180年）与拉丁西方保持着良好的关系。曼努埃尔一世在其宫廷接见了德国和法国的皇帝，有利于西方商人进行贸易。他与西方女人结婚：先后娶了苏尔茨巴赫（Sulzbach）的日耳曼人贝尔特（Berthe）和安条克的诺曼人玛丽。他毫不掩饰自己的意图，即通过夺取日耳曼皇帝的头衔来维护帝国在西方的权利，并向教皇抛出了橄榄枝，他向教皇承诺，如果他统治一个

---

[22] 或"好人"约翰。——译者注

统一的帝国，就会把各教会联合起来。但他的努力是徒劳的，因为君士坦丁堡牧首米海尔在1171年的主教会议上加剧了帝国和罗马之间的分歧。

在曼努埃尔一世统治时期，东方拉丁公国之间冲突四起，引发了第二次十字军东征。当埃德萨城被所谓的"异教徒"征服后，基督教徒产生了开始新的十字军东征的想法，这次东征得以实现始于1144年克莱沃的伯纳德（Bernard de Clairvaux）的大肆鼓动。在君士坦丁堡受到皇帝接见的德国军队在与突厥人的战斗中出师不利。法国人随后抵达了帝国的首都。曼努埃尔一世对他们心存疑虑，因为他们与西西里岛国王、帝国的敌人诺曼人罗杰二世的关系，罗杰二世同一时间在西方对拜占庭人发动了新的进攻，并占领了克孚岛和其他岛屿。法国人随后去对抗突厥人，但被打败了。这就是第二次十字军东征的终结。

然而，诺曼人一直是亚得里亚海海域的一个威胁。曼努埃尔一世不得不与西西里王国对抗，以收复他的领地。他得到了日耳曼人原则上的支持，但他于1156年在布林迪西（Brindisi）对抗西西里岛的新国王威廉一世时惨败。拜占庭人跟日耳曼新皇帝弗雷德里克·巴巴罗萨（Frédéric Barberousse）闹翻。日耳曼人的影响开始在意大利南部显现，而拜占庭人最终失去了他们的影响力。从那时起，希腊文化在意大利南部的影响开始无可挽回地削弱。

曼努埃尔一世的外交政策侧重于在西方重建拜占庭的影响力。事实证明，这太冒险了，而且考虑不周，因为皇帝忽视了东部战线，而在西部又遇到顽固不化的强敌。曼努埃尔一世确实在东方赢得了胜利，并成功地征服了所有亚细亚拉丁公国。然而，他在密利奥克法隆（Myriokephalon）战役[23]（1176年）与罗姆苏丹国（sultanat de Roum）的塞尔柱突厥人对抗中惨败，这导致了拜占庭人将突厥人赶出小亚细亚的愿望破灭。在外交方面，当弗雷德里克·巴巴罗萨皇帝与教皇和意大利各城达成和平协议时，曼努埃尔一世又一次严重受挫。这项协议为反拜占庭和反东正教的联盟开辟了道路。

帝国的民众对西方人、法国人、日耳曼人，特别是意大利商人（威尼斯人、比

---

[23] 或译为"密列奥塞法隆战役"（Battle of Myriocephalum）。——译者注

埃德萨，处于东西方世界之间的城市

埃德萨，古叙利亚基督教的首都，从其诞生开始就处于东西方世界之间。古叙利亚国王，如阿布加尔九世（**Abgar IX**）（**179—214 年**），将基督教作为该城的官方宗教。埃德萨很快就有了一个主教区，并成为圣经研究的繁荣中心。

东方传教始于埃德萨。这座城市成为"一性论"派的中心，政权频繁更替。609年，萨珊王朝的波斯人从拜占庭人手中夺取了埃德萨，希拉克略皇帝收复了它，但在638年又被阿拉伯人占领。埃德萨是基督教的一个典型象征，因为它是东方教会的伟大教父和著名圣物的故乡，如耶稣的裹尸布。从1031年起，拜占庭人断断续续地统治埃德萨，1099年，十字军在此成功建立了封建领地。但在突厥人的一次致命围攻后，基督徒最终在1144年失去了这座城市。

插图 哈勒普利·巴赫切（Halepli Bahce）马赛克的局部，一个罕见的表现神话主题的拜占庭马赛克例子。该马赛克时间为5世纪至6世纪，发现于埃德萨。

萨人和热那亚人）日益增长的影响力感到不满，因为这些人享有很多特权。992 年，威尼斯人获得了巴西尔二世授予的第一项特权。后来，为了得到威尼斯共和国对抗诺曼人的支援，阿莱克修斯一世的金玺诏书授予该共和国与帝国进行贸易的新特权。

从那时起，拉丁人在首都的影响力就越来越大。曼努埃尔对他们的政策及其选择与西方女人联姻，导致了大部分民众对西方产生敌意，且东方教会助长了这种情感。首都爆发了暴力骚乱，首先是在拉丁社区内部，然后演变为对抗拉丁团体，起因是商业和政治争端，或者仅仅是仇外心理。1162 年，来自比萨的移民袭击了热那亚人居住区；9 年后，在帝国政府的

默许下，威尼斯人再次掠夺了该居住区。西方人在首都的肆意妄为激怒了希腊民众。

安德洛尼卡和反拉丁叛乱

曼努埃尔一世去世后，他的儿子阿莱克修斯二世（1180—1183 年）登上了王位，但他仍是个孩子，于是由皇太后安条克的玛丽摄政。实际上，大权落入太后的宠臣，曼努埃尔一世的侄子阿莱克修斯·科穆宁之手。这种情况引起了民众的不满，强烈反对玛丽皇太后及其宠臣阿莱克修斯和拉丁人。曼努埃尔一世的堂弟安德洛尼卡·科穆宁（Andronic Comnène）发动了叛乱，他因其好动性格和高贵且有说服力的言谈举止而名声大噪。

曼努埃尔一世皇帝自从 1153 年安德洛尼卡参与一项阴谋后，就一直对他心存芥蒂，监禁了这位野心家。但后者成功越狱，在各种闹剧发生后，皇帝决定让这位受欢迎的堂弟远离首都。行省的官职和在东方拉丁公国的恋情使安德洛尼卡离开了宫廷。但在皇帝死后，当民众对皇太后及其宠臣的不满情绪似乎对自己有利时，安德洛尼卡不再犹豫。他离开了家族领地附近的帕夫拉戈尼亚行省（Paphlagonie），向首都进发，他自称是幼皇的保护者和希腊人享有与拉丁人同等权益的捍卫者。安德洛尼卡即将到来的消息引发民众的叛乱，特别是反拉丁派，他们保护小皇帝，对抗他的大臣们。这次叛乱导致了居住在君士坦丁堡的大批拉丁人被残忍屠杀。

拜占庭史学家尼西塔斯·科尼阿特斯（Nicétas Choniatès）记载了安德洛尼卡鼓励对拉丁人的袭击，他们"在腹背受敌、无力抵抗的情况下，抛弃了堆金积玉的房屋，任由掠夺。……那些被抓走的人都被杀了"。大约 30000 名西方人被屠杀，近 4000 人被贩卖为奴。士兵和叛乱分子在首都街头的暴力行为没有放过妇女、儿童、老人和教士。罗马教皇的使节约翰红衣主教被斩首，他的首级被绑在一条狗的尾巴上，由狗拖着在街上示众。萨洛尼卡的尤斯塔修斯大主教（Eustache de Thessalonique）曾写道："叛乱者用铁器将妇女和儿童杀死。但最骇人听闻的是用剑剖开孕妇肚子的场景。"1182 年的这场血腥屠杀在西方人心里埋下了复仇的火种。

在 1204 年第四次十字军东征期间，西方人报仇雪恨，他们占领了君士坦丁堡并实施了非比寻常的极端暴力。

一个悲惨的结局

叛乱最终平息后，安德洛尼卡命人正式宣布阿莱克修斯二世皇帝的王权。然后他让人勒死了皇太后和其他亲属，并弄瞎了皇太后宠臣的双眼。最后，他宣布自己与阿莱克修斯二世共同执政。然而，几天后，他就下令处死小皇帝，以"安德洛尼卡二世·科穆宁"的称号即位，独揽大权。他对周围所有人都心存怀疑，他的对内政策建立在恐怖政权之上。

东方帝国和西方世界：冲突关系

对于拜占庭人来说，西方构成了非常严重的威胁。西西里岛和意大利南部的诺曼人在罗伯特·吉斯卡尔或罗杰二世的领导下，对帝国发动了第一拨进攻。另一个威胁来自威尼斯和热那亚的商人，他们所属的共和国不惜任何代价来维护其经济利益。法国人和加泰罗尼亚人也成为一种威胁。最重要的是，罗马教廷对所有这些民族都有巨大影响，这不禁让教会大分裂后的希腊东正教深感担忧。

拜占庭人与西方人关系恶劣，特别是教会分裂后，当时罗马教廷和东方教会之间的竞争导致西方将拜占庭帝国视为异端世界。十字军东征是双方相互猜疑和不信任的另一个起因。阿莱克修斯一世皇帝不信任十字军，十字军以帮助拜占庭击退突厥人为借口而来。他凶残的诺曼敌人确实蛰伏在西方基督教军队中。阿莱克修斯一世的怀疑是合理的，因为十字军在拜占庭的领土上建立了他们自己的封建行省，费用由他们承担。诺曼人对帝国的入侵，随后是意大利商人的不正当行为，所有这些都是在宗教冲突的背景下发生的，导致了拜占庭人对西方的强烈仇恨。

插图 12世纪的马赛克，安条克的乔治——罗杰二世诺曼舰队的海军上将，跪在圣母脚下（海军上将圣母玛利亚教堂，巴勒莫）。

帝国的第二大城市

由于其战略地位，萨洛尼卡多次遭受拜占庭敌人的攻击。撒拉逊人与诺曼人分别于 904 年和 1185 年占领了该城。在十字军东征期间，它落入了拉丁人的手中。随后，拜占庭人收复了萨洛尼卡，奥斯曼人觊觎它，威尼斯人保护它直至帝国灭亡。这幅 12 世纪的画是关于《斯凯利茨纪事》中描写的 1040 年保加利亚沙皇阿卢西亚诺斯（Alousianos）围攻该城未果的情景（马德里国家图书馆）。

安德洛尼卡的外交政策受到 1182 年大屠杀的影响。西西里岛的威廉二世决定开展一场军事行动，向拜占庭复仇，并与威尼斯人结盟，承诺保护他们的商业利益。安德洛尼卡试图接近教皇，并通过外交手段与威尼斯人和解，但这是徒劳的。威廉二世对拜占庭人发起了进攻，占领了帝国第二大城市萨洛尼卡，他的军队在那里进行了残酷的大屠杀。

这场悲剧在拜占庭民众中引发了一场新的暴乱，由被拥立为帝的伊萨克·安格洛斯（Isaac Ange）领导。他推翻了安德洛尼卡，结束了科穆宁王朝的统治。叛乱爆发时，皇帝不在首都，在返回君士坦丁堡的途中，他被叛军包围，叛军闯入皇宫，并将其洗劫一空。民众对安德洛尼卡恨之入骨，对其承诺无动于衷。他被移交给暴徒，暴徒对他施以酷刑，并将其游街示众，任人辱骂扎斗。随后他被押到竞技场，在那里他惨遭砍掉双手、撕扯头皮、拔光牙齿和挖目的酷刑。安德洛尼卡委曲求全，在受刑时喊道（暗指《以赛亚书》42，1-3）："主哇，怜悯我！为什么你要折断我的最后一根稻草？"他被倒吊起来，任人暴打，直到一名意大利士兵怜悯他，把他杀了。他的尸体没有得到安葬。最后，他的儿子曼努埃尔被挖目，这是为了消除可能的王位候选人而惯用的刑罚手段。

这一残暴的叛乱标志着科穆宁王朝的终结，以及安格洛斯王朝统治下新的衰退时期开始。这一事件表明，君士坦丁堡民众是帝国动荡历史的真正主角，首都人民爱暴动，这一光荣传统会延续下去。史学家尼西塔斯·科尼阿特斯曾写道："世界上所有城市的民众都非常不讲道理，难以管理，但君士坦丁堡民众比其他城市的人更加爱暴动造反。多民族组成的城市，以及民众所从事工作的多样性，使这个城市充满变数。……城民背叛皇帝是司空见惯的事情，今天受人爱戴的合法君主明日就会当作暴君被废黜，这充分说明了城民的任意妄为。"

一个时代的结束

伯罗奔尼撒半岛上威尼斯人建的迈索尼堡垒（Forteresse vénitienne de Méthone）。

插图（右侧） 乔瓦尼·贝利尼（Giovanni Bellini）为拜占庭的征服者穆罕默德二世制作的纪念章（弗朗切蒂画廊 galerie Franchetti，威尼斯）。

帝国的解体和灭亡

1204 年十字军攻占君士坦丁堡是一件悲惨而令人痛心的事。这标志着东方帝国开始衰落，先是领土被强行瓜分，然后又饱受其最后对手奥斯曼土耳其帝国的压迫，1000 多年后，拜占庭最终于 1453 年落入苏丹穆罕默德二世的手中。

安格洛斯王朝由伊萨克二世（1185—1195 年）建立，他的统治开启了帝国衰落和解体的时期。然而，在科学和艺术领域，12 世纪出现了新的拜占庭文艺复兴。尤其是科穆宁王朝，推动了对希腊古典文化遗产的真正再利用。在拜占庭文学的第二个黄金时代，科穆宁家族成员的作品诞生了，如阿莱克修斯的《缪斯》、安娜的《阿莱克修斯传》和伊萨克的荷马评论。科穆宁王朝的艺术在领土损失后也重新进入了稳定发展时期。这个王朝的皇帝是整个帝国艺术家的资助者，这一时期

布拉赫内地区：一个宗教和政治中心

位于君士坦丁堡西北部的布拉赫内地区，从科穆宁王朝开始变得至关重要。事实上，科穆宁皇室在那里建造了皇宫。该地区在 7 世纪才被纳入首都的防御工事。

从统治君士坦丁堡的第一批皇帝开始，城外的教堂和建筑物都建在布拉赫内地区，包括圣彼得和圣马可教堂以及圣母玛利亚大教堂。然而，科穆宁家族，特别是阿莱克修斯一世，对可以俯瞰金角湾的布拉赫内宫的喜爱，将它变成了皇宫，从11世纪一直延续到土耳其人占领君士坦丁堡为止。皇宫附近有布拉赫内圣母教堂，是宫廷的一个重要场所，约翰六世·坎塔库泽诺斯（Jean Ⅵ Canta-cuzène）于1347年在这里加冕为王。

插图 狄奥斐卢斯皇帝和他的卫队前往布拉赫内教堂。《斯凯利茨手抄本》中的小彩画（马德里国家图书馆）。

达夫尼的马赛克

达夫尼修道院位于雅典北部，是一座圣母升天修道院，内有科穆宁时期最精美的一些马赛克。

的作品成为拜占庭境外地区的参照资料，这一点从达夫尼教堂（Daphni）、蒙雷阿莱大教堂（Monreale）或巴勒莫大教堂的马赛克中得以证实。杰出的历史学家有约翰·辛那姆斯（Jean Kinnamos）接续了安娜·科穆宁娜的《阿莱克修斯传》，尼西塔斯·科尼阿特斯的作品从约翰二世的统治开始记载，以及君士坦丁·马纳塞斯（Constantin Manassès），一位著名的编年史作者。尼西塔斯的兄长米海尔·科尼阿特斯（Michel Choniatès）是雅典的大主教，也是希腊古典文化的狂热爱好者，他写了一些布道词和诗文，以及大量有史料价值的信件。

　　第二次拜占庭文艺复兴中最优秀的诗人可能是狄奥多·普罗德洛姆（Théodore Prodrome）。萨洛尼卡大牧首尤斯塔修斯（Eustache）撰写了至今仍在文学课程中引用的荷马评论，约翰·泽泽斯（Jean Tzetzès），一位伟大的希腊古典文学鉴赏家和评论家，他的众多著作中，有一部《百科大辞典》。最后，建筑领域也随着布拉赫内宫（palais des Blachernes）的建造而大放异彩，布拉赫内宫是科穆宁王朝的新皇宫。然而，这个辉煌的文艺复兴百年以拜占庭灭亡而告终。与科穆宁家族有亲属关系的安格洛斯家族的统治，导致了拜占庭历史上最悲剧的一幕：君士坦丁堡于1204年被十字军占领。

攻占君士坦丁堡

这座城市遭受了自君士坦丁建城以来的第一次洗劫，这场灾难是由新王朝的前两位皇帝之间的权力斗争造成的。据说，伊萨克二世和他的弟弟及继任者阿莱克修斯三世名声都不好，他们懒于理政，平庸无能。阿莱克修斯三世密谋推翻了伊萨克二世，弄瞎了其双眼，并把他囚禁起来。然而，伊萨克二世的儿子，也叫阿莱克修斯王子，逃脱了他叔叔的阴谋，投奔士瓦本公爵（duc de Souabe）日耳曼人菲利普，他是皇帝弗雷德里克一世·巴巴罗萨的最小儿子。年轻的阿莱克修斯王子也是日耳曼皇帝的内弟，他获得了神圣罗马帝国和罗马教廷的承诺，他们将帮助父子二人恢复皇位。做出这一承诺时，正值新的十字军东征开始，试图重新征服耶路撒冷王国来弥补第三次十字军东征（1189—1192 年）的失败。

就教皇英诺森三世而言，他急于实现教会统一，致力于扩大他在东方帝国的权力和尽量减少东正教会的影响。另外，威尼斯人想在拜占庭重新建立他们的商业垄断地位，并为 1182 年拉丁人大屠杀报仇。当十字军偏离其最初的目标，响应阿莱克修斯·安格洛斯的号召时，法国人和意大利人自然就结为同盟。这些军队本应作为新十字军东征的一部分前往埃及与异教徒作战，但最终于 1203 年开赴君士坦丁堡，支援想复位的年轻的拜占庭王子。十字军推翻了阿莱克修斯三世，推举阿莱克修斯四世上位，并让年老失明的伊萨克二世复位。但政局稳定是短暂的。

皇帝对在城内驻扎的十字军做出的承诺难以兑现。阿莱克修斯四世面临巨大压力，为了支付十字军的酬金，他不得不出售自己的财产。即使他皈依天主教，十字军也没有耐心等待。另外，阿莱克修斯四世的妥协和如此多的西方人出现在帝国的首都，引起了民众的极大不满，他们开始憎恨这位新皇帝。这种一触即发的局势引发了仇视拉丁人的贵族和教会派的暴动。1204 年，一位不起眼的皇室亲戚："浓眉"阿莱克修斯五世·杜卡斯（Alexis V Doukas Murzuphle）[24] 被宣布为皇帝。在叛乱中，拉丁人册封的两位共治皇帝，阿莱克修斯四世和伊萨克二世被监禁和处死。驻扎在首都的十字军最终拿起武器，攻占了君士坦丁堡和皇宫。

---

[24] Murzuphle，英文为 Murtzuphlos，音译为 "穆茨弗洛斯"，意为 "浓眉"，因为阿莱克修斯五世有一对大挑眉。——译者注

这次占领的悲惨后果众所周知：君士坦丁堡被威尼斯总督恩里克·丹多洛（Enrico Dandolo）指挥的西方军队洗劫一空，他后来被安葬在圣索菲亚大教堂。以前的冲突矛盾仍历历在目，加之宗教和文化差异，助长了十字军的仇恨。他们实施残酷暴行，博斯普鲁斯海峡上的这座骄傲的首都再也无法完全恢复。十字军肆意侵害和杀戮，劫掠东方教堂和修道院。他们在历史上最严重的焚烧事件之一中毁掉了无价的艺术品和手稿。根据编年史记载，西方人亵渎了牧首的座位，让一个妓女坐在他的椅子上。教皇谴责了十字军，但这场可怕的屠杀后来得到了宽恕。

拉丁军队强行建立了一个新的帝国傀儡政府，属于封建制，并将拜占庭帝国分成若干个领地，由不同的领主管辖。佛兰德的鲍德温（Baudouin de Flandre）统治君士坦丁堡拉丁帝国，蒙费拉托的博尼法斯（Boniface de Montferrat）管辖萨洛尼卡王国，亚该亚公国和底比斯公国落入法国人手中，而威尼斯人则占领了爱琴海和爱奥尼亚海的拜占庭岛屿、克里特岛和一些沿海要塞。但拉丁人无法控制前拜占庭帝国的全部领土。希腊贵族中的几个家族成功地逃离首都，集结军队，建立了三个希腊人领地：由狄奥多一世·拉斯卡利斯（Théodore Ier Lascaris）统治的离首都不远的尼西亚帝国，由阿莱克修斯一世·科穆宁大帝管辖的小亚细亚特拉比松帝国（l'empire de Trébizonde），以及由米海尔一世·科穆宁·杜卡斯统治的位于希腊西北部的伊庇鲁斯专制君主国（le despotat d'Épire）。

东方帝国四分五裂，呈现出一片凄凉和混乱的景象，邻近的保加利亚人和突厥人也介入其中。拜占庭的特征分散在这些不同的领地中，而这些领地都声称自己具备拜占庭特征。然而，由于尼西亚帝国的存在，拜占庭特征才得以保留，它使希腊人的骄傲之火得以延续，并在这些动荡的岁月里为复兴拜占庭进行了积极的斗争。

互相争斗的皇帝们

在鲍德温一世的统治下，拉丁帝国确立了自己本地区拉丁强国的地位，它将其他西方公国视为附庸国。为了巩固其地位，拉丁帝国在小亚细亚和欧洲发动了一些战役。在亚洲，它在与狄奥多一世·拉斯卡利斯统治的尼西亚帝国的战斗中取得了胜利，并在君士坦丁堡沦陷后的 10 年里占领了比提尼亚（Bithynie）和其他领

十字军攻占君士坦丁堡

从1203年夏天开始，十字军展开了两次进攻，成功占领了君士坦丁堡。人们很快意识到，本应干预王朝斗争的十字军的目标是攻占首都。第一次进攻冲破了拜占庭的防线，打通了港口航道。阿莱克修斯五世·杜卡斯皇帝试图从海峡对面拦截撤出加拉塔地区的十字军，但十字军向城市中心发起了攻击。这第二次进攻从1204年3月开始，一个月后十字军进入首都。他们肆意破坏和杀戮，攻击所有居民，不分年龄和性别，而且亵渎宗教。

插图　廷托雷托（Tintoret）1580年绘制的画作《攻占君士坦丁堡》（威尼斯总督宫）。

❶ 飞桥　攻入防御坚固的首都关键在于控制港口和金角湾。为了攻占海上防御塔，十字军在军舰的桅杆上架起飞桥，从桥上爬到防御塔。

❷ 城墙　无论是君士坦丁还是狄奥多西时期修建的君士坦丁堡的坚固城墙，都可以对首都进行分区域防守。这就是为什么十字军驻扎在加拉塔的塔楼，并从海上发起总攻。

❸ 攻占　进攻被推迟到1204年4月，当时天气条件允许穿越海峡。十字军从海上抵达城墙下，并入侵了新的权力所在地：防御薄弱的布拉赫内地区。

❹ 军舰　十字军的胜利归功于他们组建的庞大舰队。入侵者拥有不少于200艘的军舰，其中大部分是威尼斯人的，他们拥有绝对优势，因此拜占庭的失败是不可避免的。

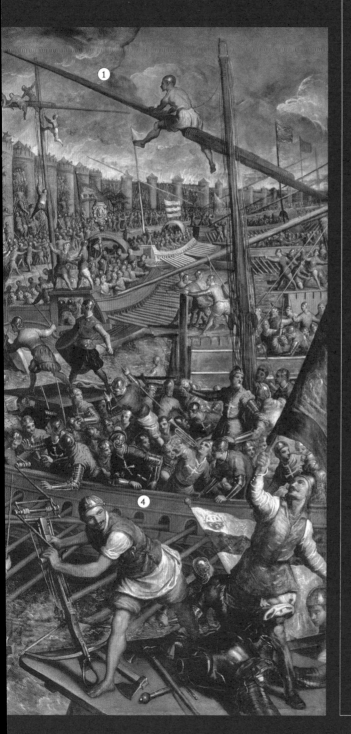

在洗劫首都的过程中，十字军掠夺了许多艺术品。后来，这些圣像、圣物和手稿散落到欧洲各地。

圣米海尔圣像　这座11世纪的圣像在1204年被威尼斯人偷走（威尼斯的圣马可珍宝馆）。

圣母玛利亚的圣物　11世纪的作品，是被带到神圣罗马帝国的战利品的一部分（马斯特里赫特的圣母大教堂）。

地。在欧洲，它对抗卡洛扬沙皇（tsar Kaloyan）领导的保加利亚人，十字军在亚得里亚堡战役中（1205 年）惨败，鲍德温皇帝被俘，死于狱中。色雷斯的部分地区也落入保加利亚人的手中。

亚得里亚堡战役显示了拉丁人权力的局限性，特别是法国人和威尼斯人对君士坦丁堡政权的有限影响，这增加了尼西亚帝国重建希腊人权力的机会。鲍德温在君士坦丁堡的王位继任者，软弱的佛兰德的亨利（Henri de Flandre），在 1210 年与保加利亚人达成了和平协议，但拉丁帝国不得不继续与伊庇鲁斯君主国作战，后者进攻了蒙费拉托的意大利人博尼法斯统治的萨洛尼卡拉丁王国，并对抗介入冲突的塞尔维亚人。

米海尔一世与安格洛斯皇室有亲戚关系，他成功地使伊庇鲁斯君主国成为一个强大的国家，从而形成希腊人权力在巴尔干地区的据点。他加强了对该地区的统治以对抗威尼斯人和拉丁公国。在他的继任者狄奥多·科穆宁·杜卡斯的统治期间，伊庇鲁斯君主国逐渐缩短了与拉丁人和保加利亚人的差距，并成功地从君士坦丁堡的第三位拉丁皇帝罗伯特·德·考特尼（Robert de Courtenay）手中收复了萨洛尼卡和亚得里亚堡。保加利亚人对伊庇鲁斯君主国北部的威胁使该国无法攻占君士坦丁堡。伊庇鲁斯的专制君主狄奥多于 1227 年由奥赫里德及保加利亚大主教德米特里·科玛特努斯（Démétrios Chomaténos）加冕为皇帝，但他没有得到所有东正教教会（特别是君士坦丁堡牧首）的承认，也没有得到其他希腊国家的认可。因此，当时东方有三个皇帝：尼西亚和伊庇鲁斯的两位希腊皇帝以及君士坦丁堡的拉丁皇帝。最终，狄奥多·科穆宁·杜卡斯在与保加利亚人的冲突中丧失了皇权，保加利亚人在克罗克特尼察（Klokotnica）战役（1230 年）中打败了他。皇帝被俘，眼睛被刺瞎。

强大的尼西亚帝国

第二个参与竞争的希腊国家是由科穆宁家族统治的特拉比松帝国，它与尼西亚帝国和伊庇鲁斯君主国一样，也想复辟拜占庭帝国。特拉比松帝国抵抗了罗姆苏丹国的突厥人，并在曼努埃尔一世皇帝（1238—1263 年）统治时期经历了政治上的辉煌。然而，将自己设定为拜占庭帝国的正统继承者并对拉丁人统治进行最顽强抵抗的希腊国家无疑是尼西亚帝国。它的统治者被称为"罗马人的皇帝"，并被君士坦丁堡牧首认可为帝国王位的继承人，这位牧首随即支持狄奥多一世·拉斯卡利斯。尼西亚（今伊兹尼克），这个因召开大公会议而闻名的城市，成为希腊政权的精神和政治中心。

西方对拜占庭帝国的瓜分也导致了文学和艺术活动向拉斯卡利斯的尼西亚帝国转移。尼西亚宫廷邀请了很多学者，如历史学家尼西塔斯·科尼阿特斯、神学家和哲学家尼斯福鲁斯·布莱米德斯（Nicéphore Blemmydès）、尼古拉斯·梅萨利特和约翰·梅萨利特兄弟（Nicolas et Jean Mésaritès），以及历史学家和政治家乔治·阿克罗保利斯特（Georges Acropolite），他们都写过关于帝国分裂时期的文章。在尼西亚，狄奥多二世·拉斯卡利斯将各个领域的科学家和作者聚集在一起，特别是哲学家和神学家，他们用古典风格的散文体创作。因此，尼古拉斯·伊林尼科斯（Nicolas Irenikos）的结婚祝词是用宫廷庆典诗的典型风格写成的，属于与狄奥多·普罗德洛姆所写的新婚祝词类似的流派。该时期出现了大量的用民间语言写的散文和诗歌，用中世纪希腊语写的传奇故事和歌曲，或拜占庭传奇诗。这些作品的年代不详（可能是13—14世纪），对欧洲文学产生了巨大影响。伊庇鲁斯君主国也有杰出的作家，如约翰·阿波考科斯（Jean Apocaucos）和乔治·巴尔达内斯（Georges Bardanès）。

一旦有机会，作为拜占庭传统优秀传承者的尼西亚帝国，就成为最有可能复辟拜占庭帝国的国家。狄奥多一世·拉斯卡利斯的继任者们承担了这项使命。经过最初的一些挫折，他们缩小了拉丁帝国的领土，并向君士坦丁堡推进。拉丁人在西方失守萨洛尼卡的同时，他们在亚洲受到了尼西亚帝国的威胁。尼西亚帝国的历任皇帝在保加利亚人和拉丁人之间维持暂时的平衡，同时对抗罗姆苏丹国的塞尔柱人，罗姆苏丹国的首都是以哥念（今科尼亚）。拉丁皇帝罗伯特·德·考特尼不得不割让他在比提尼亚征服的所有领地。

在保加利亚人击败了伊庇鲁斯君主国的军队后，伊庇鲁斯的威胁已经消失。保加利亚人与尼西亚皇帝——高效的约翰三世·杜卡斯·瓦塔泽斯缔结了一份协议，

东方帝国最后的分裂

1204 年十字军攻占君士坦丁堡后，西方联盟将东方帝国划分成许多国家，形成了封建制的拜占庭世界。

十字军瓜分了东方帝国，仿佛它是在西方联盟的各个盟友之间分配的战利品。一些独立的政权应运而生，如蒙费拉托的博尼法斯统治的萨洛尼卡王国和在伯罗奔尼撒半岛建立的一个封建领地，被命名为亚该亚公国，先后由威廉·德·查普利特（Guillaume de Champlitte）和维尔哈杜安的杰弗里（Geoffroi de Villehardouin）统治。其他半独立的国家，如雅典公国和纳克索斯公国（Naxos），也建立起来并分封给在攻占君士坦丁堡期间表现突出的各个领主。另外，威尼斯人还占据了爱琴海上的许多领土。只有三个希腊国家成功保留了拜占庭的特征，并有野心在未来某天收复失去的首都：尼西亚帝国、伊庇鲁斯君主国和特拉比松帝国。

下图 1232年至1234年安格洛斯·科穆宁统治拉丁帝国时期铸造的金币。

■	伊庇鲁斯君主国
▥	狄奥多·科穆宁·杜卡斯（1215—1230年）征服的领土
■	拉丁帝国和封建国家
▨	尼西亚帝国
▥	约翰·瓦塔泽斯（1222—1254年）领土的扩张
■	罗姆苏丹国（塞尔柱人）
■	特拉比松帝国
■	威尼斯属地
—	第四次十字军东征前的帝国疆域
公国	封建国家

塞尔维亚王国

保加利亚王国

拉古萨
迪拉基乌姆
巴里
布林迪西
奥特朗托

萨迪卡
斯科普里
菲利波波利斯
亚得里亚堡
奥赫里达
萨洛尼卡王国
萨洛尼卡
① 约阿尼纳
拉里萨
色萨利公国

伊庇鲁斯君主国

雅典公国
底比斯
雅典
士麦

亚该亚公国
迈索尼
米斯特拉

纳克索斯公国

地中海

坎迪

对君士坦丁堡展开联合行动。这次行动削弱了拉丁帝国的权力，并减少了其领土。保加利亚沙皇约翰二世·亚琛与东正教君主尼西亚的约翰三世和萨洛尼卡的曼努埃尔结成联盟，一起对抗天主教拉丁帝国。这个结盟虽很短暂，却导致了东方拉丁帝国无法挽回的衰落。

鲍德温二世是第四位也是最后一位拉丁皇帝。他统治的领土已经非常小，几乎没有超出君士坦丁堡的城市范围。鲍德温试图从西方寻求经济援助，但未果。他最终抵押了珍贵的艺术品、皇宫的一部分，甚至是他自己的儿子。继约翰三世·杜卡斯·瓦塔泽斯之后，狄奥多二世和约翰四世·杜卡斯·拉斯卡利斯统治尼西亚帝国，但他们没有辉

● **伊庇鲁斯君主国** 在帝国被十字军瓜分后，米海尔一世·安格洛斯·科穆宁·杜卡斯在巴尔干希腊地区的西海岸建立了一个专制君主国（源自单词despotēs，希腊语中"主人"的意思）。他的继任者狄奥多自封为帝，从其敌人手中夺取领地。在14世纪，塞尔维亚人征服了伊庇鲁斯君主国，随后由意大利王朝管辖，并在君士坦丁堡沦陷时幸存下来，一直到1479年被奥斯曼土耳其人占领。

● **尼西亚帝国** 当阿莱克修斯五世·杜卡斯逃离被十字军围困的君士坦丁堡时，君士坦丁·拉斯卡利加冕为皇帝，但他不久后就去世了。拉斯卡利家族在尼西亚城定居，君士坦丁的弟弟狄奥多加强了尼西亚帝国的实力。它是三个新希腊国家中最重要的一个。它管辖比提尼亚和小亚细亚的大部分海岸线。许多希腊拜占庭朝臣在此避难。

● **特拉比松帝国** 在拉丁帝国时期幸存下来的第三个希腊国家是由阿莱克修斯·科穆宁在十字军攻占首都前不久建立的。它的统治者以"伟大的科穆宁"为名号，与邻国保持互利关系，特别是亚美尼亚人和格鲁吉亚人。1261年拜占庭帝国复辟后，特拉比松保留了一定程度的自治权。但在1461年，奥斯曼帝国苏丹穆罕默德二世占领了它，这标志着希腊人在本都（Pont）地区统治的终结。

煌的政绩。

　　然而，约翰三世的亲戚、精明狡猾的军人米海尔·帕莱奥洛戈斯（Michel Paléologue）很快就在政治舞台上崭露头角。1259年，米海尔在佩拉戈尼亚（Pélagonia）战役中战胜了拉丁和伊庇鲁斯同盟军，从而结束了拉丁帝国在东方的主导地位。此后不久，即1261年，米海尔的军队与热那亚人结盟，由阿莱克修斯·斯特拉特戈普洛斯（Alexis Stratégopoulos）将军率领，不费吹灰之力就夺取了君士坦丁堡。随即，米海尔在发动了一场政变后上台，并刺瞎了约翰四世的双眼。占领了尼西亚帝国后，米海尔立即着手光复一个以君士坦丁堡为首都的拜占庭帝国。

一个庞大的国家：拜占庭的政府机构

即使在其灭亡前夕，拜占庭帝国仍有一个极其复杂的行政组织。皇帝周围都是在中央政府任职的众多权贵。帝国的这些高官就像古罗马晚期一样，被分配在国内事务和军事领域工作。

行政官是负责各个国家部门的大臣，如国内政策、经济和财政等。他们每个人都领导着一个庞大的官员团体。他们处于拜占庭行政部门金字塔式等级制度的顶端，形成了一个官僚贵族阶级。除了分为若干等级的众多政府官职外，还有一个直接为皇帝服务的宫廷官员团体，使宫廷成为一个错综复杂的官僚机构。拜占庭帝国设有众多的头衔和职位，每个官员都有两个头衔，一个是确立其在行政等级制度中的尊严和地位的荣誉头衔，另一个是表明其实际职能的具体头衔。此外，还有一些领土管理机构，是从前机构的延续，虽然这些机构由于帝国领土的丧失而有所减少，但它们仍然存在。

插图 马赛克描绘了行政长官狄奥多·梅托希特斯（Théodore Métochite）向基督展示神庙圣像，14世纪，君士坦丁堡乔拉圣救世主教堂。

帕莱奥洛戈斯王朝，最后的王朝

米海尔八世，帕莱奥洛戈斯，尼西亚帝国的最后一位皇帝，他收复了君士坦丁堡，并获得了"罗马人皇帝"的头衔。他与安格洛斯和科穆宁家族有亲戚关系：他是宫廷的一位指挥官安德洛尼卡·杜卡斯·科穆宁·帕莱奥洛戈斯和皇帝阿莱克修斯三世·安格洛斯的孙女狄奥多拉·帕莱奥洛戈斯的儿子。他建立了拜占庭帝国的最后一个王朝，即帕莱奥洛戈斯王朝。在君士坦丁堡复辟帝国后，拜占庭人迅速夺取了拉丁人在希腊的最后一些领地。然而，伊庇鲁斯君主国和特拉比松帝国继续保持独立了一段时间，它们尽管归属于拜占庭帝国，却造成了紧张局势。

尽管米海尔八世让尼基弗鲁斯一世（Nicéphore Ier）统治伊庇鲁斯君主国，伊庇鲁斯原则上仍是拜占庭的附庸国。但伊庇鲁斯君主国也臣服于拉丁国家，像安茹的查理一世入侵亚该亚一样，成为复辟后的拜占庭帝国的不稳定因素。伊庇鲁斯一直保持独立，直到佩拉戈尼亚战役之后，米海尔八世在此战役中赢得了对伊庇鲁斯君主国、西西里王国和亚该亚公国联盟的巨大胜利。特拉比松的约翰二世（1280—1297 年）在帝国复辟后，签订了一项协议，允许他继续管辖这个因科穆宁家族衰败而诞生的希腊国家。他作为整个东方、古伊比利亚和各跨海行省的皇帝统治特拉比松帝国。该帝国攻占了黑海东岸的希腊领地，它是存在时间最长的希腊国家：它在君士坦丁堡沦陷后一直幸存至 1461 年。

在拉丁帝国造成的长期停滞后，米海尔八世·帕莱奥洛戈斯的对内政策集中在重建希腊制度。在对外政策方面，他在佩拉戈尼亚战役中取得了胜利，并尽可能地重建了拜占庭的舰队。但他两次尝试收复希腊中部都失败了。在塞特波齐战役（Settepozzi）（1263 年）中尤其惨败，该战役是拜占庭人和热那亚人组成的联盟对抗威尼斯人。在尼奥帕特拉斯战役中（Néopatras）（1275 年），拜占庭人对抗色萨利公爵约翰·杜卡斯的军队，也以米海尔八世的失败而告终。

米海尔八世很清楚地意识到，如果他的拉丁敌人们通过结盟来重新统治帝国是很危险的。因此，他巧妙地运用了外交手段与其西方主要对手，当时由安茹的查理统治的西西里王国对抗。西西里的查理计划在教皇的支持和拉丁皇帝鲍德温

萨洛尼卡的城墙

作为一块具有战略意义的繁荣商业飞地，萨洛尼卡在 13 世纪被各种希腊和拉丁势力觊觎。君士坦丁堡沦陷后，蒙费拉托总督博尼法斯占领了萨洛尼卡。但该城市很快回到希腊人的手中，1224 年，伊庇鲁斯君主国将其占领。

二世的赞同下，恢复拉丁人在东方的权力，以使他们能行动自由。在安茹人统治时期，西西里王国再次怀着由来已久的野心，远征拜占庭以夺取帝国的王位。为了阻止该侵略计划，米海尔八世熟练地求助于外交，这比军事途径更有效。在宗教方面，他首先成功地欺骗了教皇，在第二次里昂大公会议（1274 年）上完成了东方教会和罗马教会的联合。然而，他的计划遭到了君士坦丁堡教会的强烈反对，最终被教皇拒绝。此外，米海尔八世巩固了与热那亚人在 1261 年缔结的联盟，并在牺牲威尼斯人利益的情况下向热那亚人授予贸易特权。他还试图利用邻近敌国的弱点，例如，利用保加利亚内战，在色雷斯获得领地。当安茹的查理发动对拜占庭帝国的战役时，首先进攻岛屿和亚得里亚海沿岸地区，米海尔八世随后采用了魔幻招数，暗地里支持西西里岛的反对查理统治的叛乱——"西西里晚祷事件"。叛乱在安茹政权的中心地带爆发，使彼得三世率领的阿拉贡人在西西里岛登陆。这一策略还击了危险的对手——西西里岛国王和亚该亚领主的军事行动。另外，这一事件将阿拉贡人引入拜占庭的政治舞台，他们很快就成为新的不稳定因素。

然而，米海尔八世只顾着巩固对拉丁人的阵地，却忽视了崛起的奥斯曼政权在东部边境的威胁。在安纳托利亚出现了几个土耳其国家，由罗姆塞尔柱苏丹国的傀儡总督所统治。随后，在帝国东部地区拜占庭人意想不到的盟友出现了：1240年左右草原上出现了蒙古入侵者。成吉思汗率领的蒙古和鞑靼游牧部落首先进攻了罗斯的欧洲部分，然后是亚美尼亚和罗姆苏丹国，征服了小亚细亚的所有国家，包括拜占庭的尼西亚和特拉比松。蒙古人征服安纳托利亚的过程中最重要的事件之一是柯塞达战役（Kose Dag）（1243年），该战役以塞尔柱人的失败而告终。一时间，蒙古人削弱了突厥人对拜占庭的威胁，米海尔八世特别注意与他们的外交关系。 然而，尽管塞尔柱突厥人的影响力有所下降，但他们的新国家显然是拜占庭帝国东部边境的一个潜在威胁。

米海尔八世的儿子和继任者是安德洛尼卡二世·帕莱奥洛戈斯，被称为"古代人"（l'Ancien）。他在1261年被宣布为共治皇帝，在他父皇去世后（1282—1328年），他独自执政。在他漫长的统治期间，帝国经济资源匮乏，令人担忧。尽管皇帝减少赋税的政策很受欢迎，帝国还是经历了一场严重的金融危机，导致货币贬值。

加泰罗尼亚人、塞尔维亚人和保加利亚人

安德洛尼卡二世重组了拜占庭舰队，并在商业政策上倾向于意大利威尼斯共和国和热那亚共和国。他的外交政策在满足东正教民众的愿望和对西方列强的让步之间摇摆不定。

安德洛尼卡二世取消了其父亲助力建立的教会联盟。他企图通过建立政治婚姻关系与敌人和解。他娶了蒙费拉托的伊琳娜（Irène de Montferrat），她是曾统治萨洛尼卡王国的拉丁家族成员。在东方，他不得不应对土耳其人[25]的入侵：土

---

[25] 本译文以奥斯曼一世宣布成为苏丹做分隔线，之前塞尔柱帝国和罗姆苏丹国的人称为"突厥人"；之后奥斯曼帝国的人称为"土耳其人"。——译者注

特拉比松，科穆宁帝国

在公元前 7 世纪由希腊移民建立的城市特拉比松（今特拉布宗），科穆宁家族的一个分支在此建立了一个繁荣、稳定和持久的国家。

　　阿莱克修斯一世大帝是伟大的科穆宁王朝的奠基者，该王朝是在格鲁吉亚的支持下于特拉比松地区建立的，当时该地区由一个与阿莱克修斯一世有私交的王朝统治。特拉比松此后成为拜占庭的古希腊文化中心和黑海贸易路线的枢纽。阿莱克修斯二世等统治者充当了东西方之间的桥梁，并将特拉比松发展成该地区的一个重要王国，与突厥人的苏丹、热那亚商人和格鲁吉亚国王建立了联系。通过在特拉比松建造修道院，强大的希腊文化得以发展，这些修道院是东部边境世界一流的文化中心。当君士坦丁堡的王位回到希腊人手中时，约翰二世·科穆宁继续统治特拉比松。科穆宁帝国享有相当大的自治权，在1461年被土耳其人占领之前一直是重要的文化和经济中心。

插图　特拉布宗的苏美拉修道院（Sumela），它创建于4世纪，在阿莱克修斯三世统治时期达到顶峰。

耳其的一个省督，年轻的奥斯曼一世，在 1299 年宣布自己为苏丹，并开始威胁拜占庭的边境。安德洛尼卡二世派他的儿子——与王位继承有关的米海尔九世去对抗奥斯曼。但拜占庭在巴菲乌斯战役（bataille de Bapheus）（1302 年）中惨败，这是帝国与年轻的奥斯曼国家之间的第一次正面对抗。

　　皇帝在走投无路的情况下，召集了一支在阿拉贡家族和安茹家族的西西里岛冲突中表现突出的西方雇佣军：著名的加泰罗尼亚兵团——"阿尔穆格哈瓦人"（Almogavres），由日耳曼人罗杰·德·弗洛尔（Roger de Flor）指挥。君士坦丁堡热烈欢迎他们。但在抵达首都后不久，雇佣兵就以热那亚人和阿拉贡人之间的竞争加剧

为借口，残忍地屠杀了许多热那亚移民。加泰罗尼亚人随后向东部边境推进，在持续两年的战争中，他们赢得了对土耳其人的多次胜利。然而，事实证明，雇佣兵的参与对拜占庭民众是有祸害的，拜占庭人惨遭无纪律的雇佣兵劫掠和勒索。皇帝担心这些在帝国内部开展军事行动的西方军队的政治野心，因此策划了一个针对它们的阴谋。1305年，安德洛尼卡二世派人在米海尔九世组织的亚得里亚堡宴会上暗杀了罗杰·德·弗洛尔及其亲信，同时他的军队袭击了加泰罗尼亚人的据点加利波利，屠杀了"阿尔穆格哈瓦人"。此后不久，加泰罗尼亚人贝尔纳特·德·罗卡福特（Bernat de Rocafort）与保加利亚国王结盟，发动了一场针对拜占庭人的可怕的复仇战争。如今在希腊仍

拜占庭晚期的贸易

13 世纪时，尽管政治动荡，拉丁人、希腊人和土耳其人在地中海东部的贸易往来仍然非常频繁。

插图 拜占庭时代的秤砣（纽约大都会艺术博物馆）。

雇佣兵和进攻力量：可怕的"阿尔穆格哈瓦人"

名为"阿尔穆格哈瓦人"的进攻部队在 13 世纪肆虐地中海的武装冲突中获得了可怕和嗜血成性的恶名。这支雇佣军不仅包括阿拉贡人和加泰罗尼亚人，还包括各种出身的人，他们被阿拉贡国王召集到一起，参加不同的战役。

"阿尔穆格格哈瓦人"参加过阿拉贡国王对伊比利亚半岛和北非穆斯林的战争以及西西里岛的扩张行动，战争经验丰富，安德洛尼卡二世召集他们，与威胁到拜占庭帝国领土的土耳其人作战。于是"阿尔穆格哈瓦人"的传奇及其前所未有的战绩诞生了。在罗杰·德·弗洛尔的指挥下，这个伟大的加泰罗尼亚兵团向东方进军，在那里它赢得了对土耳其人的明显胜利，占领了几个城市。拜占庭皇帝赐予罗杰·德·弗洛尔大公和恺撒的头衔。然而，拜占庭人最终对罗杰·德·弗洛尔产生了怀疑，并把他杀了。丧失了领袖的"阿尔穆格哈瓦人"没有返回故土：他们发起了臭名昭著的"加泰罗尼亚人的复仇"，今天的希腊人仍记得这次复仇。后来，"阿尔穆格哈瓦人"成功占领了希腊中部的一些拉丁国家，如他们为阿拉贡王国夺取的雅典和尼奥帕特拉斯公国。

插图 巴塞罗那大王宫堤内尔大厅的13世纪壁画局部，描绘了阿拉贡王国的军队征服马略卡岛时的情景（巴塞罗那城市历史博物馆）。

被铭记的痛苦的回忆——"加泰罗尼亚人的复仇"，色雷斯和马其顿受到了严重的破坏，甚至阿索斯山上的修道院也在 1307 年至 1309 年遭到加泰罗尼亚人的毁坏。1311 年，加泰罗尼亚人成功地夺取了雅典公国和底比斯城，他们的统治一直持续到 1379 年纳瓦拉人征服了这些领土。与此同时，土耳其人继续攻击帝国的东部边境，并征服了比提尼亚的大部分地区。

将继承安德洛尼卡二世王位的不是 1320 年去世的米海尔九世，而是其孙子安德洛尼卡三世，称为小安德洛尼卡。他的祖父因为他的桀骜不驯和道德败坏而剥夺

安德洛尼卡二世　这位皇帝曾请求"阿尔穆格哈瓦人"的帮助。后来，他做出了一个不明智的决定，对危险的雇佣兵实施阴谋。14世纪的拜占庭彩画（雅典拜占庭博物馆）。

了他的继承权，1328 年，安德洛尼卡三世推翻了祖父，夺得王位。他在位至1341 年，但对管辖帝国没有任何兴趣。他把这个任务交给了宠臣约翰·坎塔库泽诺斯（Jean Cantacuzène），一个帮助他夺取政权的精明能干的将军。在外交政策方面，安德洛尼卡三世与入侵马其顿的保加利亚人和塞尔维亚人达成了几乎无利可图的和平协议。

塞尔维亚人出现在巴尔干地区，对拜占庭来说确实是一个强大的对手。与今天黑山共和国相关的好几个斯拉夫国家在 12 世纪出现，成为属于拜占庭势力范围的领地和公国，如泽塔或杜克利亚[26]（Dioclée）。后来这些领地合并，逐步发展成为塞尔维亚，特别是在 14 世纪中期，斯蒂芬·乌罗什四世·杜尚（Étienne Uros Ⅳ Dusan）统治时期。塞尔维亚人利用安德洛尼卡三世关注帝国东部边境的时机，占领了马其顿北部和阿尔巴尼亚。斯蒂芬甚至计划向君士坦丁堡进军，夺取帝王之位。他自封为沙皇，并赋予其保护下的阿索斯山上的修道院新特权。1355 年，他还没来得及巩固自己的权力就去世了。塞尔维亚贵族、匈牙利人和保加利亚人瓜分了塞尔维亚王国，不久之后，塞尔维亚就归属奥斯曼帝国统治。

尽管安德洛尼卡三世对国家事务缺乏兴趣，但他还是率领军队参加了几次军事行动。1337 年，帝国在一次西部战役中吞并了伊庇鲁斯君主国，加强了其在希腊中部的权力。然而，在东部小亚细亚，拜占庭的影响在安德洛尼卡三世的统治下逐渐衰弱。苏丹奥尔汗一世（Orhan Iᵉʳ），经过长时间的围城，在 1331 年攻占了具有象征性的尼西亚城，拜占庭人试图通过贝勒卡侬战役（Pélékanon）来打破这一局面，但失败了。此后不久，奥尔汗一世于 1337 年占领了该地区另一个主要的拜占庭城市尼科米底亚。

内乱和没落

帝国只统治了亚洲大陆上的几块飞地，但它至少成功巩固了其在形势不稳定的欧洲的领土，并将拉丁人在巴尔干地区的影响降到最低。

1341 年，安德洛尼卡三世去世，他的儿子约翰五世·帕莱奥洛戈斯登基，当时他只有 9 岁。宫廷能人约翰·坎塔库泽诺斯成为摄政王。他无意伤害合法继承人，但约翰五世的母亲，萨瓦的安妮皇后，对摄政王的忠心表示怀疑。在君士坦丁堡牧首的支持下，她利用约翰·坎塔库泽诺斯率领军队去摩里亚的机会，宣布只有约翰五世才是帝国的领袖，要求解散摄政王的军队。然而，坎塔库泽诺斯的军队宣布他为皇帝。这引发了坎塔库泽诺斯和约翰五世的新摄政者之间长达 7 年的内战。双方相继请求塞尔维亚人、保加利亚人、土耳其人和西方雇佣兵提供支援。最后，在土耳其人强有力的支持下，约翰六世·坎塔库泽诺斯于 1347 年获胜。他和他的军队

---

[26] 杜克利亚，又名泽塔（Zeta），是第一个摆脱拜占庭枷锁的北斯拉夫国家。——译者注

最后的宗教争论：静修派

14世纪，一场新的宗教争论搅乱了拜占庭的日常生活和政治，那就是来自主张与世界隔离的精神苦行主义——静修派。这一学说的名称来源于希腊文 **hesy-chia**，即"平静、沉默"，或 **hesychazo**，即"保持沉默"。它起源于 **4** 世纪的东方基督教、修道制度和卡帕多西亚教父的作品。

这场争论始于居住在君士坦丁堡的南意大利修士巴尔拉姆发现了阿索斯山上修士们的苦行主义静修，这种修行方式是格雷格利乌斯·帕拉玛斯所推崇的。巴尔拉姆认为这是一种异端。他致力于抨击这个观点，即静修派提出的苦行主义使人更接近上帝。萨洛尼卡主教帕拉玛斯在几个主教会议上和各种文本中维护静修派的主张。在约翰六世·坎塔库泽诺斯和约翰五世·帕莱奥洛戈斯的内斗中，这一争论主导政治形势，并在几次主教会议上进行了辩论。1351年，在约翰六世·坎塔库泽诺斯主持的主教会议上宣布了静修派符合东方教会的教义，属于东正教，并驱逐了巴尔拉姆。

插图 圣格里高利·帕拉玛斯的圣像（普希金博物馆，莫斯科）。

凯旋，进入君士坦丁堡。但他并没有对约翰五世·帕莱奥洛戈斯进行报复，也许是出于对他死去的朋友安德洛尼卡三世的尊重，他保留了约翰五世的共治权。这场内战对拜占庭来说是灾难性的，帝国的所有边境被各类敌人滋扰。此外，从 1347 年到 1349 年，大流行病黑死病肆虐了首都。西方商人仍然垄断君士坦丁堡的市场，塞尔维亚人于 1348 年征服了伊庇鲁斯，而奥斯曼土耳其人在 1354 年占领了加利波利，首次进入欧洲。

1351 年，拜占庭人在坎塔库泽诺斯的号召下，参与了威尼斯人和热那亚人之间的冲突，他们支持威尼斯人。而拜占庭人失败了，接二连三的失败有损约翰六世·坎塔库泽诺斯的声望，战争的财政压力也对其声誉造成不良影响。约翰六世·坎塔库泽诺斯与约翰五世共治的时间并没有持续太久，当他有了儿子后，双方的敌对行动又开始了。约翰五世·帕莱奥洛戈斯请求土耳其人和热那亚人的帮助，于 1354 年夺取了政权。约翰六世·坎塔库泽诺斯退隐修道院，在撰写他的回忆录中度过了余生。约翰五世统治下的帝国形势令人痛心，帝国在经历了一系列的灾难后，只剩下劫后余生的首都和色雷斯，以及少数几个岛屿。

除了这种糟糕的形势外，帝国还有潜在的内乱，黑死病的灾难性后果，以及新的宗教争论——静修派（l'hésychasme）。这种苦行主义学说来自东方的修道生活，主张一种静修主义，或绝对的内心平静，以实现与上帝"融为一体"。在一个非常混乱的时期，静修派主张远离世界，再次分裂了东正教会。一些修士反对静修派，代表人物是在阿索斯山上发现静修派的修士巴尔拉姆（Barlaam）。另一个阵营的代表人物是萨洛尼卡主教格里高利·帕拉玛斯（Grégoire Palamas），他在整个教会范围内维护这种修道的苦行主义。在约翰六世的支持下，他在 1351 年成功地宣布静修派符合东正教教义。约翰五世·帕莱奥洛戈斯在次年共同签署了该决议。

土耳其人的威胁加剧

约翰五世·帕莱奥洛戈斯独自统治帝国直到 1376 年，在其统治期间，不少帝国领土落入奥斯曼帝国的苏丹奥尔汗手中。拜占庭帝国已名存实亡。土耳其人、保加利亚人和塞尔维亚人在从前拜占庭领土上的领地成倍增加。约翰五世和他的前任皇帝们一样，拼命向西方求助，并向教皇提出教会联合以换取援助，或者呼吁对土耳其人进行新的十字军东征。但他没有得到罗马教廷的回应或帮助。只有他母后安妮所属的萨瓦家族向他伸出了援手。

苏丹穆拉特一世（Murat Ier），即奥尔汗的继任者，势不可当地扩大奥斯曼帝国的领土。他夺取了君士坦丁堡附近的几个要塞，后来他以这些要塞为基地来进攻君士坦丁堡。他还在1389年著名的科索沃战役中击败了塞尔维亚人，这标志着奥斯曼帝国在巴尔干地区长期统治的开始。此后不久，1393年，土耳其人征服了保加利亚王国。当奥斯曼人占领了菲利波波利斯（Philippopolis）和亚得里亚堡（1369年），直接威胁君士坦丁堡并要求皇帝纳贡时，约翰五世亲自赶赴罗马，归顺教皇并皈依天主教。但所有这些努力都是徒劳的，因为只有约翰五世·帕莱奥洛戈斯归顺土耳其苏丹才能阻止帝国的灭亡。

然而，对土耳其人的这种屈从在帝国内部引发了一场新的内乱，约翰五世的长子和继承者安德洛尼卡在1373年发动了叛乱。1376年，安德洛尼卡废黜了约翰五世，将他和他的弟弟曼努埃尔关进了监狱，并加冕称安德洛尼卡四世（1376—1379年），他的儿子约翰同时成为共治皇帝。然而，1379年，约翰五世成功逃出，在土耳其人的帮助下恢复了皇位。1381年，约翰五世与他的长子安德洛尼卡达成了一项协议，承认他是唯一的王位继承人。这导致他的次子曼努埃尔和安德洛尼卡四世的儿子约翰发动了新的叛乱，曼努埃尔征服了色萨利和伊庇鲁斯。安德洛尼卡四世去世后，他的儿子反叛，于1390年占领了君士坦丁堡，作为皇帝约翰七世统治了几个月。

外国人的干预，特别是土耳其人和威尼斯人持续不断地参与帕莱奥洛戈斯王朝的内乱，使首都的压力不断加剧。最后，曼努埃尔赢得了王位，他与他的父亲成为共治皇帝，直到其父于1391年去世，随后他以曼努埃尔二世的头衔单独执政（1391—1425年）。他在位期间致力于捍卫帝国的剩余领土。他的外交和军事功绩是拜占庭最后的回光返照。他的两个儿子和继承者约翰和君士坦丁（他们的母亲是一位斯拉夫公主）将成为拜占庭最后的皇帝。

帕莱奥洛戈斯王朝是最后一个统治拜占庭帝国的王朝，当时处于真正的帝国政

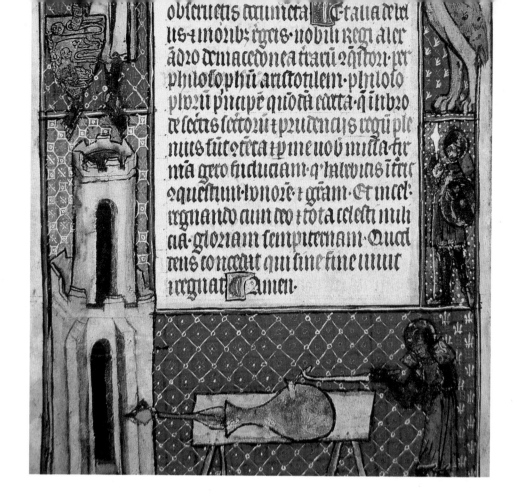

一种新武器：大炮

14世纪，大炮和火药开始在欧洲使用，它们是土耳其人攻占君士坦丁堡的关键因素。这幅图片是已知最古老的欧洲大炮，取自沃尔特·德·米勒梅特（Walter de Milemete）的《著名的、智慧的和审慎的国王》一书（1326年，牛津基督教堂）。

治衰退期。然而，这一王朝不能被视为是完全没落的王朝，因为帕莱奥洛戈斯家族是帝国统治时间最长的家族。此外，这一时期出现了前所未有的文化繁荣，被誉为"第三次拜占庭文艺复兴"，它将古典希腊的伟大遗产不折不扣地传给西方。

第三次拜占庭文艺复兴

在1204年君士坦丁堡惨遭洗劫的过程中，帝国的艺术品遭到了严重的破坏。在拉丁帝国停止劫掠后，形象艺术和建筑在帕莱奥洛戈斯王朝时期得到了发展，无论是在首都还是在伯罗奔尼撒半岛，米斯特拉的教堂就是有力的证明。拜占庭风格的圣像和马赛克对威尼斯产生了巨大影响，且扩散到整个意大利，还包括克里特岛。这种传播确保了拜占庭文化在西欧的继续存在和发扬。一些皇帝创作了文学作品：米海尔八世撰写了神学论文，约翰六世·坎塔库泽诺斯写了回忆录。这一时期还产生了一批著名的历史学家，如乔治·帕希梅利斯（Georges Pachymère）和尼斯福鲁斯·卡利斯托斯·桑索普洛斯（Nicéphore Calliste Xanthopoulos），学者尼斯福鲁斯·格雷戈拉斯（Nicéphore Grégoras）（他也研究天文学），以及乔治·斯弗兰泽斯（Georges Sphrantzès）、杜卡斯和劳尼科斯·卡尔科康迪勒斯（Laonicus Chalcondyle），他们记载了君士坦丁堡的沦陷。

在神学家和哲学家中，除了德米特里·辛多尼斯（Démétrius Cydonès）以外，最杰出的一位是贝萨利留。他是尼西亚的大主教，参加了费拉拉-佛罗伦萨（Ferrare-Florence）会议，在帝国灭亡后被任命为意大利的红衣主教。辛多尼斯和红衣主教贝萨利留代表了拜占庭的一代知识分子，他们致力于希腊文学从君士坦丁堡到意大利（尤其是威尼斯和佛罗伦萨）的传播。在意大利，由于出现了一些古希腊文、拉丁文和古典文学的研究者，如克鲁乔·萨卢塔蒂（Coluccio Salutati）和莱昂纳多·布鲁尼（Leonardo Bruni）等，希腊文学的研究得到了发展。

从 14 世纪开始，由于拜占庭与威尼斯和热那亚的贸易往来，许多为免受土耳其迫害的希腊学者到意大利任教。这种人才流动在 15 世纪加强了。修士巴尔拉姆的教义已经影响了彼特拉克和薄伽丘的早期人文主义观念。大师曼努埃尔·克雷索拉（Manuel Chrysoloras）和贝萨利留教育了整整一代人文主义者。从维罗纳的瓜利诺（Guarino de Vérone）到波焦（Pogge）[27] 和洛伦佐·瓦拉（Lorenzo Valla）。语史学家德米特里·特里克里尼奥斯（Démétrios Triclinios）、托马斯·马吉斯特罗斯（Thomas Magistros）、马克西姆·普朗德、曼努埃尔·莫斯科普洛斯（Manuel Moschopoulos）和狄奥多·梅托希特斯也致力于古典文化遗产的传播。

帕莱奥洛戈斯王朝时期的这一文化复兴不仅仅发生在君士坦丁堡，还影响到伯

---

[27] 波焦·布拉乔利尼（Poggio Bracciolini），意大利知名的学者、文学家、哲学家，文艺复兴时期人文主义者，政治家，于 1453 年至 1458 年间任佛罗伦萨共和国执政官。——译者注

米斯特拉城和摩里亚专制公国

当法兰克贵族在骑士乔弗里·德维拉杜安（Geoffroi de Villehardouin）的带领下统治了伯罗奔尼撒半岛时，他们建立了亚该亚公国，也被称为摩里亚公国（该词来源不详，可能来自斯拉夫语）。乔弗里的继任者——威廉·德维拉杜安，按照西方城堡的模式建造了一个坚固的首都：米斯特拉。

佩拉戈尼亚战役（1259年）后，亚该亚的拉丁君主在该地区丧失了权力。米斯特拉由拜占庭的新主人统治，即帕莱奥洛戈斯家族。皇帝约翰·坎塔库泽诺斯和米海尔·帕莱奥洛戈斯将米斯特拉作为摩里亚公国的首都，这里成为帝国君主的训练营。拜占庭的最后一位皇帝君士坦丁十一世曾是米斯特拉的统治者，这个城市的政治和文化都蓬勃发展。土耳其人在15世纪中叶征服了这个地区。18世纪末，它又回到了威尼斯人的手中。在很长一段时间里，摩里亚被称为是一个野蛮的、难以进入的地方。希腊人正是在摩里亚发动了第一拨反对奥斯曼帝国统治的起义。

插图 摩里亚的古都米斯特拉的残垣断壁。

罗奔尼撒半岛，包括摩里亚公国，从约翰六世·坎塔库泽诺斯至君士坦丁十一世统治时期，其首都米斯特拉一直是世界一流的文化和政治中心。例如，在曼努埃尔二世执政时期，新柏拉图主义学者乔治·杰米斯图斯·普勒桑（Georges Gémiste Pléthon）就在此开展其政治和哲学活动。作为古典文化的崇拜者，他写了一篇关于法律的乌托邦式论文，这些法律本可以改善帝国的政治状况。

曼努埃尔二世决心尽一切可能在军事和领土上重振帝国，并对抗土耳其的至高无上的权力。奥斯曼帝国军队征服巴尔干地区后，以不可当之势朝匈牙利王国推进。

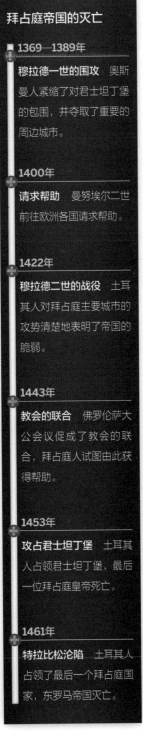
马扎尔人的国王西吉斯蒙德（Sigismond）向西方求助，西方国家派来了一些增援部队，但这并没有让匈牙利人抵挡住奥斯曼帝国的攻势，尼科波利斯战役（1396年）以土耳其军队大获全胜而告终。然而，在其漫长的统治期间，曼努埃尔二世成功维护了对摩里亚的统治，破坏了拉丁公国的遗迹，并收复了黑海的一些据点，如内塞巴尔（Nessebar）和瓦尔纳（Varna）。

丧失巴尔干地区领土

在进行这些军事行动的同时，皇帝做出了一个非常冒险的决定，拒绝向奥斯曼帝国苏丹巴耶齐德（Bayazid）

纳贡。这一决定导致土耳其军队在 1394 年对君士坦丁堡进行了新一轮的围攻，这一围攻持续了 8 年之久。情况变得非常危急，以至于曼努埃尔二世不得不巡回游说西欧宫廷来乞求帮助。1400 年的圣诞节，他来到了巴黎，查理六世统治下的繁荣之都，与他自己破败不堪的首都形成了鲜明的对比。曼努埃尔二世随后前往伦敦，亨利四世接见了他。而这些努力都是徒劳的，因为西方的承诺都没有兑现。

如果不是发生了一次意外事件给帝国最后的喘息机会，君士坦丁堡可能已迅速沦陷。帖木儿（Tamerlan）统一蒙古帝国后，发动了一场残酷的对抗奥斯曼苏丹国的安卡拉战役（bataille d'Ancyre）（1402 年），并在战役中击败了巴耶齐德。因此，在回到君士坦丁堡后，曼努埃尔二世与土耳其人签署了一项和平协议，暂时免除了拜占庭人的进贡。然而，短暂的和平只持续到 1421 年，在这一年，曼努埃尔二世·帕莱奥洛戈斯将国事交付给儿子约翰八世。约翰八世犯了一个错误，就是干涉奥斯曼苏丹国的内政。为了削弱奥斯曼的权力，约翰八世通过支持一位王位候选人来煽动奥斯曼的内部权力斗争。对拜占庭来说，不幸的是，这一企图失败了。苏丹穆拉德二世很快就发现了拜占庭的干涉，并决定进行报复，于 1422 年和 1423 年发动了针对君士坦丁堡和萨洛尼卡的战争。

拜占庭人将萨洛尼卡交付给了威尼斯人，以使其免受土耳其人的劫掠。但这是一个短暂的解决方案，因为奥斯曼人在 1430 年占领了萨洛尼卡。这一事件给欧洲人留下了深刻的印象，西方第一次意识到了土耳其人的危险。为了避免首都再次被围困，帝国被迫重新开始向奥斯曼人纳贡。曼努埃尔二世去世后，他的儿子约翰八世独自统治这个只拥有少量领土的帝国。曼努埃尔二世在局势不稳定的情况下抵抗了 20 多年无疑是他的功绩。

最后的皇帝们

约翰八世·帕莱奥洛戈斯（1425—1448 年）试图获得西方的帮助来对抗土耳其人，他向罗马教皇承诺联合两个教会，但没有成功。他迫使东正教会发表声明，以克服导致教会大分裂的"和子说"争端。他推进费拉拉-佛罗伦萨大公会议（1438 年）的召开，在此会议上君士坦丁堡最终接受了罗马教义，尽管东方的牧首们随后

鲁梅里堡垒（Rumeli Hisari）

堡垒位于博斯普鲁斯海峡欧洲一侧的海角上，是由奥斯曼帝国苏丹穆罕默德二世在1451年至1452年间下令建造的。它是攻占拜占庭首都的军事基地。即使在今天，它也见证了这个永远改变东欧政治版图的事件。

在1443年的主教会议上拒绝了教会联合。

费拉拉-佛罗伦萨会议被东方教会高层和大多数拜占庭民众视为一种羞辱，并没有给帝国带来任何有效的帮助。不过，教皇尤金四世（Eugène Ⅳ）倡导了一次新的十字军东征，并动员匈牙利、波兰和罗马尼亚的国王投入对抗土耳其人的斗争。为了应对这一联盟，土耳其苏丹穆拉德二世在一定程度上减轻了对君士坦丁堡的压力。但波兰和匈牙利国王拉迪斯拉夫（Ladislas）率领的基督教军队在瓦尔纳战役（1444年）中被击败。随着这次失败，在穆拉德解决了安纳托利亚地区的内乱之后，君士坦丁堡就劫数难逃了。

土耳其人可以畅通无阻地到达首都。约翰八世死于1448年，他的二个妻子都没有给他生儿子。他的兄弟君士坦丁十一世·帕莱奥洛戈斯登上王位，成为拜占庭的最后一位皇帝。

"新罗马"的衰亡

君士坦丁十一世曾是摩里亚公国的统治者，并因英勇地保卫这块领土不被奥斯曼人占领而表现出色。他乘坐一艘加泰罗尼亚船只从伯罗奔尼撒半岛出发，抵达君士坦丁堡。疲惫不堪的首都民众为他的到来而欢欣鼓舞。他们可能把他视为帝国的最后希望。但君士坦丁十一世模仿他的前任皇帝，皈依天主教，试图获得西方的帮助，这立即为他招来了君士坦丁堡死硬派的敌视。君士坦丁十一世是一个英勇而浪漫的人，在位时间不长，从 1449 年到 1453 年。在此期间，奥斯曼苏丹穆罕默德二世对君士坦丁堡发动了最后攻击，他于 1451 年继承了他父亲穆拉德二世的王位。

奥斯曼苏丹穆罕默德二世为自己设定了一个目标：摧毁拜占庭首都的千年防御。1453 年 4 月，他在君士坦丁堡城门前集结了一支庞大的军队，根据众多史料记载，其人数约为 10 万人。奥斯曼军队将当时最先进的大炮对准了君士坦丁堡的城墙。君士坦丁拒绝开城投降，他希望首都能经受住这一次围攻。虽然他没有得到西方的增援，但他身边聚集了为数不多的希腊军队精英，以及几个准备捍卫理想的拉丁骑士。君士坦丁堡的西方居民，威尼斯人、热那亚人、比萨人和加泰罗尼亚人，以及一小队仍然忠于皇帝的西方士兵，从各自的街区赶来参加首都保卫战。尽管皇帝英勇抗击，但他只能将这座城市的历史性沦陷推迟几个星期，这座城市已经成为一个不合时宜的遗迹，是东罗马帝国长期衰败的象征。

不管是为了实现一个与帝国诞生的古老预言相符的预言，还是出于偶然，最后一位东罗马皇帝被称为君士坦丁，就像帝国首都的奠基者一样。他是沉默寡言的曼努埃尔二世及其子约翰的最后一位继任者，他们都是拜占庭的最后王朝——帕莱奥洛戈斯王朝的成员。具有讽刺意味的是，虽然这些帝国的最后皇帝无法避免灾祸，但他们促进了拜占庭艺术的最后一次复兴，这对西欧的文艺复兴做出了巨大贡献。君士坦丁十一世·帕莱奥洛戈斯统治的首都只是君士坦丁大帝所梦想的首都的一个影子。

据说君士坦丁十一世在残酷的围城之战中牺牲，这场战争使 5 万多人丧生，并使数 10 万居民被奴役。皇帝在少数几个顽强作战分子的簇拥下英勇作战，直到 1453 年 5 月 29 日晚上，奥斯曼帝国的军队成功攻破了君士坦丁堡城墙上的一座城

门——赛马场之门（Kerkoporta）。君士坦丁堡的沦陷震惊了整个基督教世界，尽管威尼斯、罗马、巴黎和莫斯科等新的权力中心对拜占庭的求助充耳不闻。有几个王国想倡导一次新的十字军东征，而其他王国则声称是"新罗马"或东方帝国王位众望所归的继承者。拜占庭末代皇帝的兄弟们似乎任意地将他们的王位授予法国国王查理八世和西班牙天主教国王。但奥斯曼苏丹也认为自己是东方帝国的继承人，而俄国沙皇则要求统治东正教信仰国家。莫斯科开始被称为"第三个罗马"。

无论如何，拜占庭的遗产是相当庞大的，不仅在文化方面，而且还取决于其在政治领域的象征价值。我们应保护好这个有千年历史的丰富的精神遗产：古希腊和拉丁世界的遗产，以及有关帝国政治理想的遗产。

一个时代的终结

1453 年成为整个欧洲历史上的一个关键年份。君士坦丁堡的沦陷为拜占庭的千年历史和罗马帝国传统的延续画上了句号。在罗马尼亚摩尔多维塔（Moldovita）修道院的一幅壁画上，描绘了奥斯曼人攻占君士坦丁堡的情景。

档案：拜占庭和威尼斯，权力和贸易

意大利共和国，尤其是威尼斯，这座曾属于拜占庭帝国的城市，仍一直保留着东方特色，在东方帝国的贸易关系中占有优势地位。

威尼斯的狮子

福音书作者和传道者马可的狮子无处不在，是威尼斯共和国或圣马克共和国的象征，当这个国家在9世纪独立于拜占庭时。

纵观其历史，贸易是拜占庭帝国的支柱之一。君士坦丁堡位于博斯普鲁斯海峡，是连接东西方、黑海和地中海、北欧和爱琴海的主要贸易路线的枢纽，其优越的

威尼斯的圣马可大教堂

威尼斯与君士坦丁堡这座古都之间的密切关系，最好的证明就是拜占庭帝国对威尼斯共和国艺术和建筑的影响。威尼斯人的精神圣地——圣马可大教堂的穹顶、马赛克和装饰元素，显然是受到了拜占庭艺术的启发。828年开始建造该教堂，以存放圣马可的圣物。大教堂之后又进行过一些改造。

插图 左图，大教堂的穹顶；上图：穹顶的外观及其华丽装饰的内景。

地理位置使东方帝国的首都成为一个贸易中心。这一特点对拜占庭帝国权力来说是至关重要的。此外，帝国的某些地区具有同样举足轻重的经济地位，如叙利亚、埃及、西西里岛和意大利等。

谷物和丝绸是拜占庭贸易的两个主要产品。从东方进口的丝绸，从查士丁尼统治时期开始就成为帝国的垄断贸易商品，甚至一度成为帝国的支付手段。商队从印度半岛或中国等遥远的地方抵达拜占庭帝国，然后继续运往中世纪欧洲各地。在其辉煌的鼎盛时期，东罗马帝国拥有相当雄厚的经济实力。

特权关系

但是，拜占庭人并不总是从这个贸易枢纽中获益最多的人：从11世纪开始，在贸易国中，意大利的对外贸易变得越来越强大。威尼斯、热那亚和比萨通过拜占庭中转将东方的昂贵商品输入西方市场。由于威尼斯的特殊情况及其与帝国的特别关系，更详细地研究一下威尼斯的贸易是很有意义的。

9 世纪，拜占庭帝国仍然统治着威尼斯和意大利中部地区。这些地区承认拜占庭的权力，但享有高度的自治权，并不像意大利半岛南部地区那样被拜占庭直接统治。直到 879 年，威尼斯才正式归属拜占庭帝国，即使威尼斯独立后，其统治者也继续使用拜占庭的头衔。从那时起，君士坦丁堡和威尼斯之间的关系变成了两个独立国家的关系，它们有着一些共同的利益。这种联系在 9 世纪和 10 世纪尤为明显，双方共同应对阿拉伯人、斯拉夫人和诺曼人的崛起。此外，圣马可共和国和东方帝国无疑是由一种文化归属感而联系在一起的，这种文化归属感在今天的意大利城市拜占庭风格的建筑中仍然有迹可循。

992 年，巴西尔二世与威尼斯总督彼得罗二世·奥尔塞奥洛（Pietro II Orseolo）签署了第一份条约，授予威尼斯在君士坦丁堡的关税特权，以换取威尼斯人将拜占庭军队运送到意大利南部。事实上，当时帝国对这一地区的主张受到质疑。第一份颁布的金玺商业条约，即皇帝盖了金印玺的条约，保证了威尼斯船只进出君士坦丁堡海峡的税费大大减少。授予威尼斯的商业特权，以及授予其他受拜占庭管辖的城市（如阿马尔菲）的商业特权，都是由它们的文化亲缘关系所决定的。比萨和热那亚后来也得到了同样的特权。对威尼斯的特殊待遇也有政治和战略原因。为了换取威尼斯舰队提供的宝贵帮助来对抗罗伯特·吉斯卡尔领导的诺曼人，圣马可共和国通过帝国 1082 年颁布的一份金玺诏书，从阿莱克修斯一世·科穆宁皇帝那里获得了新的特权。这份诏书免除了威尼斯人的关税，从而使他们能够在整个帝国进行自由贸易，从小亚细亚到巴尔干地区。它还规定在首都授予威尼斯人一个特定的区域，有几个港口装货点。

从那时起的两个世纪里，威尼斯和其他意大利海上共和国得以在拜占庭帝国以非常有利的条件发展其商业活动。

艺术的影响和艺术家之间的交流

　　992年，东方帝国与其在北意大利的前属地之间签署的第一份商业条约，为建立一个便于威尼斯商人进入君士坦丁堡的关税体系铺平了道路。这也标志着亚得里亚海和博斯普鲁斯海峡之间丰富多彩的文化交流的开始。威尼斯和君士坦丁堡这两个城市之间的定期贸易路线，使得拜占庭的艺术和建筑影响传入意大利，这种影响一直持续到13世纪。位于托尔切洛的11世纪的圣玛丽亚·阿松塔大教堂（Santa Maria Assunta）或圣福斯卡教堂（Santa Fosca），或建于999年的穆拉诺的圣玛丽·多纳托大教堂（Santi Marie Donato），都证明了这种影响。威尼斯最古老的教堂之一里亚托圣贾科莫教堂（San Giacomo di Rialto）[28]，洛雷丹宫（palais Loredan）或"土耳其商馆"（Fondaco dei Turchi）都具有拜占庭民用建筑的特色。威尼斯的统治者是拜占庭公爵的继承人，被称为公爵或总督，而且威尼斯在城市规划方面与君士坦丁堡很相似。最能体现两座城市之间艺术渗透性的范例是著名的圣马可大教堂，它建在一座古老的教堂遗址上，里面存放着828年抵达威尼斯的福音书作者马可的圣物。大教堂最古老的马赛克，位于前廊和后殿，展示了拜占庭教堂装饰风格的基督，周围是使徒，是从11世纪开始拜占庭和威尼斯艺术家互相交流的成果。这种通过马赛克体现的显著文化影响，也影响到了意大利的其他城市，如拉文纳或的里雅斯特（Trieste）。威尼斯在某些方面仰慕拜占庭艺术，因为它的光辉辐射到整个欧洲。威尼斯的规划者模仿了博斯普鲁斯海峡旁拜占庭帝国首都的规划，威尼斯城市发展也遵循了君士坦丁堡享有盛誉的模式。在1204年十字军劫掠了君士坦丁堡之后，这座东方首都的许多标志性艺术作品被带到了威尼斯，如四帝共治雕像[29]以及竞技场四尊马的雕像。

　　插图　圣马可大教堂的马赛克局部，描绘了巴别塔的建造过程。

---

[28] 也译为"里奥多的圣雅各伯教堂"，意大利语的 San Giacomo 圣贾科莫就是圣雅各。——译者注

[29] 用紫色斑岩雕刻的四位古罗马的君主，象征或纪念"四帝共治制"（大约293年开始）的历史事件。——译者注

贸易路线

11世纪，航海时代到来。在这一时期，意大利诸多发达城市，特别是威尼斯、热那亚和比萨，取得了重大的技术进步，并毫无疑问地主导了地中海和黑海的贸易航线。从亚得里亚海到非洲海岸，从爱琴海到地中海东部，直至黑海的航线是主要的贸易路线。

威尼斯通过扎拉、拉古萨、斯帕拉托（斯普利特）和迪拉基乌姆[30]等重要贸易地加强了对亚得里亚海沿岸的控制，这些地方自然会作为通往克孚岛、帕克索斯岛、莱夫卡斯岛、伊萨基岛、凯法利尼亚岛和桑特岛等爱奥尼亚群岛诸岛[31]以及略远的伯罗奔尼撒半岛（Péloponnès）贸易航线上的停靠港。它们也在通往君士坦丁堡的双航线上，一条航线经过基克拉迪群岛（Cyclade）和小亚细亚海岸，另一条经过萨洛尼卡。威尼斯人还租船前往克里特岛和塞浦路斯，这是通往叙利亚和埃及的主要路线。

另一条路线从竞争城市热那亚出发，沿着坎帕尼亚海岸，穿过墨西拿海峡，沿着卡拉布里亚和阿普利亚（l'Apulie）的海岸线，经过奥特朗托（Otrante），到达爱奥尼亚群岛。这条航线与上述的威尼斯航线存在直接竞争关系。

热那亚的船只停靠在不同的港口，从爱奥尼亚群岛出发，航行到莫奈姆瓦夏（Monemvasia），然后经过爱琴海的岛屿，如希俄斯岛（Chios）和莱斯博斯岛（Lesbos），到达普罗庞蒂斯海（Propontide）[32]。或者这些船只直接航行到基克拉迪群岛，例如到米洛岛（Milo）或纳克索斯岛（Naxos），然后再航行至塞浦路斯或埃及。

激烈的竞争

阿莱克修斯一世·科穆宁给予威尼斯令人向往的特权导致了严重的政治和商业冲突，不仅与其他强大的商业群体，如热那亚人或阿拉贡王室，而且与拜占庭人

[30] 此四地的法文名字分别为 Zara，Raguse，Spalatum（Split），Dyrrachium。——译者注
[31] 此处所列爱奥尼亚群岛各岛的法文名字分别为 Corfou，Paxos，Leucade，Ithaque，Céphalonie，Zante。——译者注
[32] 即现在的马尔马拉海。——译者注

威尼斯泻湖中的拜占庭艺术　托尔切洛岛上的圆顶圣福斯卡教堂。在图的左边，我们可以看到圣玛丽亚·阿松塔大教堂的钟楼。

也是如此，他们无法与享有如此特权的威尼斯人竞争。阿莱克修斯皇帝的继任者约翰二世决定终止对威尼斯的特权，这引发了威尼斯舰队对帝国海上中心的攻击。约翰二世不得不让步，保留他父亲的法令。

　　在第二次十字军东征时期，拜占庭和西方之间表现出明显的互不信任。1147年夏天，皇帝允许西方人进入他的领土，但民众担心外国人会进行劫掠。曼努埃尔一世被迫将他的一部分军队派去监视十字军。在双方关系日趋紧张的时期，皇帝与西方联姻以维持暂时的和睦关系。然而，联姻这一手段并没有解决拜占庭人和西方人之间根深蒂固的仇恨，这种仇恨很快就爆发了。

　　在曼努埃尔一世统治时期，威尼斯得到了更多的特权，以换取它的援助来对抗诺曼国王罗杰，威尼斯在君士坦丁堡获得了新的船只和货物储存设施。这一切都滋长了首都民众的仇恨。1182 年，在阿莱克修斯二世统治时期，当王位觊觎者安德洛尼卡进入首都时，发生了可怕的拉丁人大屠杀。

十字军东征的借口

这种与意大利城市的特权相关联的商业竞争使我们能够很好地理解第四次十字军东征。起初，这似乎只不过是对埃及异教徒的一次远征。教皇已经为这次十字军东征赐福。德国人、法国人和意大利人都参加了这次十字军。但这次十字军东征导致了 1204 年君士坦丁堡的沦陷。为了证明十字军路线的改变，以及随后发生的可怕灾祸的合理性，历史学家曾提出了各种原因。威尼斯、罗马教廷或神圣罗马帝国的政治利益都是其中的一部分。

意大利的霸权主义

很明显，处于政治危机中的拜占庭帝国是西方经济强国，特别是威尼斯共和国的一个容易到手的"猎物"。这些国家看到了夺取政权和控制整个君士坦丁堡往来贸易的机会，都不想再作贸易特权的享有者而想成为贸易的所有者。事实上，第四次十字军东征的主要倡导者是威尼斯总督恩里科·丹多洛。也许是因为早先发生的针对威尼斯人的暴力事件，更肯定的是为了保证圣马可共和国的商业利益，即使在君士坦丁堡发生宫廷内斗和条约被质疑的情况下，丹多洛坚持以一定的方式重新确立威尼斯在东方贸易往来中的主导地位。由于拜占庭局势的混乱，威尼斯战胜了它的竞争对手比萨和热那亚。君士坦丁堡被占领后，威尼斯和十字军骑士签署了一份瓜分帝国的条约。丹多洛尽全力为威尼斯人争取最大的利益，他们在与法国人平起平坐的基础上统治拉丁帝国的领土。

随着第四次十字军东征的开始和拉丁帝国的建立，情况自然变得对威尼斯人更为有利，他们控制着热那亚人觊觎的贸易。意大利北部的两个主要海上共和国将整个衰落的拜占庭所辖的地区用于为其经济利益服务。在确立了对通往君士坦丁堡的贸易路线占主导地位后，意大利列强今后可以自由进出黑海，这是通往俄罗斯和高

威尼斯航海家，通往东方的桥梁

威尼斯航海家在整个威尼斯共和国的历史上享有盛誉，是由于他们与东方帝国的特殊关系。从7世纪至9世纪，威尼斯与拜占庭有着密切的联系，威尼斯先是作为帝国的一个行省，然后是作为盟友。这就解释了为什么圣马可共和国是通往东方的海上通道和贸易路线的先驱。威尼斯拥有强大的舰队，这支舰队在11世纪具有巨大的战略影响力，这要归功于威尼斯战船的发展。由轻型战船组成的船队不分商船和战船：所有船只都可以有双重用途，运送货物或抵御敌人。威尼斯的船只大小和类型各不相同，但轻型船占多数。一些船只模仿拜占庭的模型，如著名的德罗蒙，并增加了创新的工艺。这样，威尼斯舰队就控制了地中海的海上航线，成功地将阿拉伯人、拜占庭人、法兰克人和诺曼人拒之门外。从11世纪开始，威尼斯控制了亚得里亚海的航线和港口，支配着达尔马提亚和希腊的海岸线。随着阿莱克修斯一世·科穆宁授予特权的不断加强，以及十字军东征后出现的新的商业前景，威尼斯建造了兵工厂，处理威尼斯舰队的事务，包括其商业活动和军事行动。

插图 圣马可大教堂的马赛克。

精明能干的商人 威尼斯水手以精通航海术而闻名，他们也凭借高超的谈判技巧在整个地中海地区出名。

插图 中世纪的威尼斯城景。

❶ **轻型船** 从9世纪开始，威尼斯舰队中最有效率的船只是轻型船，船员在船上几乎找不到可遮挡的空间，速度快，易操作，而且负载能力大。

❷ **船员** 每个水手除了参加集体行动外，还为自己贩卖商品。水手和桨手在船上作决定时发言和表决。

❸ **灯塔** 从12世纪开始，航海业的发展使保证船只在夜间行驶安全变得尤为重要，因此建造的灯塔数量成倍增加。

❹ **港口** 14世纪中叶至15世纪中叶，威尼斯的航海业达到了鼎盛时期，威尼斯共和国拥有密集的港口和商业殖民地网络，因此得以掌控高收益的对外贸易。

加索山谷的重要贸易路线。

　　拜占庭帝国政府允许在首都建立意大利街区，包括人口最多、最著名的佩拉街区（Pera）。这些街区成为真正的商业殖民地，以及向北方或东方远征的起点。在这一时期，意大利商人开始在黑海沿岸、多瑙河口、克里米亚半岛以及塔纳伊斯三角洲（Tanaïs）（今顿河三角洲）开发新的市场，以便开拓进入亚洲的贸易路线。

商业航运

　　对海洋的征服是依赖这些共和国的航海家的技术实现的。有文件记载了热那亚船只海上航行的大致期限，这些船只沿着海岸航行，很少会遇到远离海岸航行的风险。例如，在 14 世纪中叶，热那亚的一艘船每天可以行驶近 70 公里。亚历山大港和热那亚之间的航行持续了大约 23 天。船只不在夜间航行，如果气候条件恶劣，就会在港口避风，这一点可以从所有东方贸易路线的详细的罗盘地图中得到证实。船只必须小心行驶，以免被海盗或敌国的船只发现。因此，海上贸易是一项伟大的冒险，涉及许多社会和政治因素，甚至整个城市都牵涉其中。

　　14 世纪，威尼斯与君士坦丁堡和黑海的拜占庭港口有一条固定的交通运输线路。船只于 7 月底出发，在帝国首都停靠几个星期，然后继续航行，经过特拉比松和顿河口的商业港口，在那里装载货物，然后返回威尼斯。一次新型大帆船运输总共持续 6 个月，圣诞节返回威尼斯。

来自奥斯曼的竞争

　　从 14 世纪开始，威尼斯统治了曾属于拜占庭帝国的几个岛屿和领地，如克里特岛、希俄斯岛和塞浦路斯。这些岛屿成为重要的贸易地，并通过矿石、种植园及其产品如糖或珊瑚等，为威尼斯共和国带来了可观的收入。同一时期的资料表明所有意大利共和国通过与东方的贸易往来中出售香料、毛布、威尼斯玻璃、丝绸、铁、铅、铜、葡萄酒和橄榄油，获得了丰厚的利润。

　　拜占庭帝国的帕莱奥洛戈斯王朝复辟并没有限制这些强大共和国的影响力，这

威尼斯-拜占庭的金银器 12世纪末可能是在威尼斯制造的穹顶建筑造型的金银香炉和花灯（威尼斯圣马可珍宝馆）。

些共和国有时会与奥斯曼人进行谈判以获得更好的条件。但他们的特权并没有永远保留。随着苏丹国对东地中海地区的统治，出现了一个对威尼斯来说特别危险的新对手。奥斯曼帝国，也被称为"崇高之门的国度"，是一个年轻而强大的国家，拥有强大的军事力量和强烈的商业扩张欲望。威尼斯人对奥斯曼帝国的失势，不可避免地导致两个大国之间的对抗，而其中最著名的就是1571年的勒班托海战（ Lépante ）。

威尼斯和拜占庭关系的演变

535—545年

拜占庭帝国的威尼斯　当时威尼斯成为查士丁尼时代的帝国领土。

580年

安诺纳里亚（Annonaria）　提比略二世（Tibère Ⅱ）将威尼斯纳入安诺纳里亚行省。此后不久，拉文纳的东正教教区成立。

697年

公国　威尼斯成为一个由总督以皇帝名义统治的公国。

742年

独立　威尼斯总督被承认为执政官，拜占庭接受了他的选举方式。事实上，拜占庭的主权一直持续到10世纪末。

992年

商业特权　巴西尔二世授予威尼斯商业特权。威尼斯向帝国提供舰队支持。

1004年

威尼斯的达尔马提亚（Dalmatie）　海盗被赶出达尔马提亚海岸，威尼斯控制了达尔马提亚。拜占庭帝国承认威尼斯对这一领地的主权。

1085年

威尼斯的崛起　诺曼人被威尼斯人打败，威尼斯巩固了其在达尔马提亚和克罗地亚的海上霸权。

1182年

拉丁人大屠杀　由于威尼斯人的特权，君士坦丁堡民众对他们的仇恨爆发。

1204年

君士坦丁堡遭劫掠　主要由威尼斯支持的第四次十字军东征，以洗劫君士坦丁堡而告终。

黄金祭坛　拜占庭艺术杰作之一的局部。最初由威尼斯总督奥尔塞奥洛委托君士坦丁堡的工匠制作（威尼斯圣马克大教堂）。

附 录

插图（左侧） 圣母和圣婴画像，13世纪拜占庭时期的作品（圣克莱门特教堂，马其顿奥赫里德）。

拜占庭帝国版图

大西洋

卢瓦河

米兰
阿奎莱亚
威尼斯
波尔多
里昂
热那亚
波隆那
拉文纳
纳博讷
尼斯
菲埃索莱
安科纳
马赛
意大利
布拉加
杜罗河
萨拉戈萨
莱里达
安普里亚斯
科西嘉岛
罗马
里斯本
托莱多
巴塞罗那
阿勒里亚
加埃塔
卡普
梅里达
塔拉戈纳
那不
瓜地亚纳河
瓦伦西亚
巴利阿里群岛
撒丁岛
奥索诺瓦
科尔瓦多
伊维萨
卡利亚里
塞利维亚
帕勒莫
墨西
加的斯
马拉加
卡塔赫纳
利利贝
西西里
丹吉尔
休达
阿尔梅里亚
凯撒利亚
希波纳
尤蒂卡
迦太基
马耳
贝蒂克
非洲
苏塞
小勒普提斯
塞布拉塔
大勒普

东罗马帝国（395年）
查士丁尼征服的土地（534—555年）
巴西尔二世去世时的拜占庭帝国（1025年）
第四次十字军东征前的拜占庭帝国（1204年）
1453年的拜占庭帝国
东西罗马帝国的分界线
牧首教区
都主教区

贝尔格莱德
多瑙河
托姆斯
瓦尔纳
纳伊苏斯
伊利里亚
萨迪米
菲利波波利斯
色雷斯
君士坦丁堡
亚得里亚堡
尼科米底亚
迪西
寺朗托
通拉基乌姆
萨洛尼卡
加里波利
迦克墩
危塞
拉里萨
尼科波利斯
西兹克
佩加
柯尼利
卡帕多西亚
阿尔巴
科林斯
雅典
米蒂利亚
士麦那
弗拉德尔菲亚
以弗所
梅多那
罗得岛
安塔利亚
塞琉古
阿哈亚半岛

赫尔松
卡法
科帕
黑海
锡诺普
特拉比松
庞 特
千革拉
科洛尼亚
塞巴斯蒂安
亚美尼亚
阿马斯特里斯
安卡拉
卡萨利亚
梅里特尼
以哥念
塔尔斯
阿纳扎布斯
安条克
巴尔米拉
叙利亚
大马士革
提尔
凯撒利亚
耶路撒冷
佩特拉
法马古斯塔
西普
帕福斯
的黎波里

坎迪
戈尔廷
克里特岛

地中海

昔兰尼
昔兰尼加
亚历山大
孟菲斯
埃及
尼罗河
红海
阿布多斯

幼发拉底河

223

对照年表：东罗马帝国和拜占庭帝国、西欧、其他文明

东罗马帝国和拜占庭帝国

330—460 年		460—650 年	650—810 年
拜占庭帝国的诞生 · 君士坦丁一世开创其东方新首都君士坦丁堡 · 狄奥多西一世颁布《萨洛尼卡敕令》，宣布尼西亚基督教为国教 · 狄奥多西一世死后，帝国被他的儿子阿卡乌狄乌斯和霍诺留斯彻底瓜分 · 以弗所大公会议，谴责基督聂斯脱利派		**征服和损失** · 查士丁尼一世统治时期 · 出版《查士丁尼民法大全》 · 征服非洲、意大利和西班牙 · 君士坦丁堡的瘟疫 · 从 565 年开始，拜占庭帝国开始失去领土 · 与占领耶路撒冷的波斯人作战 · 穆斯林征服的开始	**意大利帝国** · 君士坦丁二世将其宫廷转移到叙拉古 · 拜占庭统治下的威尼斯第一总督政府 · 阿拉伯人围攻君士坦丁堡失败 · 偶像破坏运动的开始，由皇帝利奥三世支持。教皇偏爱伦巴第人，他们从拜占庭征服意大利领土 · 被伦巴第人征服，拉文纳督主教区终结

西欧

330—460 年	460—650 年	650—810 年	
西罗马帝国末期 · 阿德里安堡战役 · 圣杰罗姆完成《通俗拉丁文本圣经》的翻译 · 日耳曼人越过莱茵河开始入侵帝国 · 阿拉里克的西哥特人洗劫罗马 · 西哥特人征服西班牙 · 汪达尔人洗劫罗马	**民族的多样性** · 西罗马最后一位皇帝罗慕路斯·奥古斯都在位 · 法兰克国王克洛维斯皈依基督教 · 法兰克人击败了西哥特人，他们的王国仅限于伊比利亚半岛 · 意大利伦巴第王国的诞生 · 西哥特人和伦巴第人皈依尼西亚基督教	**走向加洛林帝国** · 西哥特人的国王雷切斯温特颁布了《西哥特法》 · 威尼斯成为公国 · 穆斯林入侵西班牙，结束西班牙统治 · 普瓦捷战役 · 法兰克国王丕平授予教皇对意大利中部的主权 · 龙塞斯瓦耶斯（隘口）战役 · 查理曼加冕	

其他文明

	330—460 年	460—650 年	650—810 年
	· 美洲：火山爆发摧毁了重要的玛雅城市 · 亚洲：淝水之战，导致前秦帝国灭亡，无数农民起义涌现 · 鸠摩罗什将印度佛经翻译成中文 · 中东：萨珊王朝对抗匈奴	· 非洲：努比亚王国信奉基督教 · 美洲：北美的霍普韦尔文化兴盛 · 6 世纪和 7 世纪之交，特奥蒂瓦坎古城被洗劫 · 亚洲：中国佛教传入日本 · 在中国，唐朝开始 · 中东：穆罕默德的赫吉拉 · 伊朗贡德沙普尔学院的建立	· 非洲：阿格拉比德王朝的开始 · 亚洲：印度的帕拉瓦时期。寺庙兴建 · 中日白江口之战 · 佛教成为中国国教 · 中东：波斯萨珊王朝统治结束倭马亚哈里发王朝的建立 · 阿拉伯和波斯海盗侵扰中国海岸

810—970 年	970—1130 年	1130—1290 年	1290—1460 年

帝国的衰弱
- 拜占庭击败保加利亚人
- 阿拉伯人入侵西西里
- 狄奥多拉皇后恢复偶像崇拜
- 关于"和子说"的争论与东西方教会的对抗

胜利和失败
- 授予威尼斯商业特权
- 巴西尔二世征服保加利亚，并恢复帝国的边界到多瑙河边
- 大东方分裂
- 曼齐克特战役
- 诺曼人将拜占庭逐出普利亚和卡拉布里亚
- 应阿莱克修斯一世的要求，第一次十字军东征开始。东方拉丁国家的建立

十字军东征继续
- 穆斯林占领埃德萨，第二次十字军东征
- 君士坦丁堡的拉丁人大屠杀
- 萨拉丁占领耶路撒冷，第三次十字军东征
- 第四次十字军东征并占领君士坦丁堡。拜占庭帝国分裂
- 米海尔八世·帕莱奥洛戈斯在君士坦丁堡重建拜占庭政权

拜占庭帝国的终结
- 奥斯曼帝国加强了对拜占庭首都的控制，占领了周边主要城镇
- 曼努埃尔二世向欧洲宫廷寻求帮助
- 宣布教会联合以换取援助拜占庭人对抗奥斯曼人
- 攻占君士坦丁堡。拜占庭末代皇帝君士坦丁十一世去世
- 特拉比松帝国落入奥斯曼人手中

810—970 年	970—1130 年	1130—1290 年	1290—1460 年

查理曼之后的欧洲
- 凡尔登条约和加洛林帝国的分裂。未来神圣罗马帝国的诞生
- 克吕尼修道院的建立
- 阿斯图里亚斯王国首都迁至莱昂
- 科尔多瓦哈里发国家的诞生
- 奥托一世成为皇帝

与阿拉伯人的战争
- 于格·卡佩成为法国国王
- 奥托二世加冕为皇帝
- 教皇亚历山大三世发布谕旨主张收复失地
- 黑斯廷斯战役
- 熙德征服瓦伦西亚
- 西多会和圣殿骑士团的建立
- 罗杰二世加冕为西西里和那不勒斯国王

霸权的变化
- 加泰罗尼亚-阿拉贡王国开始在地中海扩张
- 葡萄牙王国的诞生
- 弗雷德里克·巴巴罗萨成为皇帝
- 汉萨同盟
- 基督徒征服科尔多瓦
- 鲁道夫一世皇帝和哈布斯堡王朝的创始人
- 西西里晚祷

危机、饥荒和流行病
- 英国两院制议会的宪法和对君主权力的控制
- 整个欧洲的大饥荒
- 英法百年战争
- 黑死病暴发
- 西方分裂
- 圣女贞德的审判和死亡
- 约翰内斯·古腾堡印刷了第一本《圣经》

810—970 年	970—1130 年	1130—1290 年	1290—1460 年

- **非洲**：努比亚王国的大发展
- **美洲**：玛雅文明的崩溃
- **亚洲**：中国再度统一
- 中国禁止佛教
- 使用火器的朗山江之战
- 869 年日本平安时代的地震和海啸
- **中东**：巴格达智慧之家的建立

- **非洲**：在开罗创建爱资哈尔大学
- **美洲**：托尔特克文明的发展
- **亚洲**：新儒学在中国的拓展
- **中东**：阿拉伯人和中国人建立联系
- 塞尔柱人统治
- 阿维森纳撰写医学经典

- **美洲**：托尔特克文明的崩溃
- **亚洲**：中国金宋冲突的终结
- 柬埔寨的高棉王国，吴哥窟的所在地
- 成吉思汗建立了蒙古帝国
- 日本的源平战争
- **近东**：哲拉鲁丁·鲁米的神秘诗歌

- **美洲**：特诺奇蒂特兰市的建立
- 印加帝国的建立
- 在秘鲁安第斯山脉建造马丘比丘
- **亚洲**：印度的毗奢耶那伽罗帝国
- 在中国，元朝之后是明朝
- 明朝迁都北京，建设紫禁城
- 中国探险家郑和远航

东罗马皇帝和拜占庭皇帝

王朝	年代	皇帝
君士坦丁王朝	306—337年	君士坦丁一世大帝
	337—361年	君士坦提乌斯二世
	361—363年	叛教者朱利安
	363—364年	约维安
瓦伦蒂安王朝	364—378年	瓦伦斯
狄奥多西王朝	379—395年	狄奥多西一世大帝
	395—408年	阿卡狄乌斯
	408—450年	小狄奥多西二世
	450—457年	马尔西安
利奥或色雷斯王朝	457—474年	利奥一世大帝或"杀手"利奥
	474年	利奥二世
	474—491年	伊苏里亚人芝诺
	475—476年	巴西利斯库斯（在芝诺短暂被废黜期间在位）
	491—518年	阿纳斯塔修斯一世
查士丁尼王朝	518—527年	查士丁一世
	527—565年	查士丁尼一世大帝
	565—578年	小查士丁二世
	578—582年	提比略二世·君士坦丁
	582—602年	莫里斯
福卡斯王朝	602—610年	暴君福卡斯
希拉克略王朝	610—641年	希拉克略一世
	641年	君士坦丁三世
	641年	希拉克略二世·希拉克洛纳斯
	641—668年	君士坦斯二世（"大胡子"）
	668—685年	君士坦丁四世
	685—695年	查士丁尼二世（"鼻子被割者"）
第一个动荡期	695—698年	利奥二世
	698—705年	提比略三世·阿普西马尔
恢复时期	705—711年	查士丁尼二世（第二次统治）
无朝代	711—713年	菲利皮科斯·巴尔达尼斯
	713—715年	阿纳斯塔修斯二世
	715—717年	狄奥多西三世
伊苏里亚王朝	717—741年	伊苏里亚人利奥三世
	741—775年	君士坦丁五世"粪名"
	741—743年	阿尔塔巴斯德（在君士坦丁五世短暂被废黜期间统治）
	775—780年	可萨人利奥四世
	780—797年	君士坦丁六世
	797—802年	雅典人伊琳娜
第二个动荡期	802—811年	"财政大臣"尼基弗鲁斯一世
	811年	斯陶拉基奥斯
	811—813年	米海尔一世·朗加比
	813—820年	亚美尼亚人利奥五世
阿摩利或弗里吉亚王朝	820—829年	"口吃者"或阿摩利人米海尔二世
	829—842年	狄奥斐卢斯
	842—867年	"酒鬼"米海尔三世（狄奥多拉摄政）
马其顿王朝	867—886年	巴西尔一世大帝（马其顿人）
	886—912年	"智者"利奥六世
	912—913年	亚历山大三世
	913—959年	"生于紫室者"君士坦丁七世
	920—944年	罗曼努斯一世·利卡潘努斯（共治皇帝）

王朝	年代	皇帝
	959—963年	"生于紫室者"罗曼努斯二世
	963—969年	尼基弗鲁斯二世·福卡斯（狄奥法诺摄政）
	969—976年	约翰一世·齐米斯西斯（狄奥法诺摄政）
	976—1025年	巴西尔二世（"保加利亚屠夫"）
	1025—1028年	"生于紫室者"君士坦丁八世
	1028—1034年	罗曼努斯三世·阿吉鲁斯
	1028—1050年	"生于紫室者"佐伊（摄政女王）
	1034—1041年	帕夫拉戈尼亚人米海尔四世
	1041—1042年	米海尔五世·卡拉法提斯
	1042—1055年	君士坦丁九世·莫诺马赫
	1055—1056年	"生于紫室者"狄奥多拉
无朝代	1056—1057年	"好战者"米海尔六世
科穆宁王朝	1057—1059年	伊萨克一世·科穆宁
杜卡斯王朝	1059—1067年	君士坦丁十世·杜卡斯
	1067—1071年	罗曼努斯四世·第欧根尼（共治皇帝）
	1071—1078年	"贬值者"[33]米海尔七世·杜卡斯
无朝代	1078—1081年	尼基弗鲁斯三世
科穆宁王朝	1081—1118年	阿莱克修斯一世·科穆宁
	1118—1143年	"美男子"约翰二世·科穆宁
	1143—1180年	曼努埃尔一世·科穆宁
	1180—1183年	阿莱克修斯二世·科穆宁（第一年由其母亲安条克的玛丽摄政）
	1183—1185年	安德洛尼卡一世·科穆宁
安格洛斯王朝	1185—1195年	伊萨克二世·安格洛斯
	1195—1203年	阿莱克修斯三世·安格洛斯
	1203—1204年	伊萨克二世·安格洛斯（共治皇帝）
	1204年	尼古拉斯·卡纳波斯（在位十一天）
	1204年	阿莱克修斯五世·杜卡斯（"浓眉"）
拉斯卡利斯王朝（尼西亚帝国）	1204年	君士坦丁·拉斯卡利斯
	1204—1222年	狄奥多一世·拉斯卡利斯
	1222—1254年	约翰三世·杜卡斯·瓦塔泽斯
	1254—1258年	狄奥多二世·拉斯卡利斯
	1258—1261年	约翰四世·杜卡斯·拉斯卡利斯
帕莱奥洛戈斯和坎塔库泽诺斯王朝	1259—1282年	米海尔八世·帕莱奥洛戈斯（尼西亚皇帝，从1261年起在君士坦丁堡安定下来）
	1282—1328年	安德洛尼卡二世·帕莱奥洛戈斯
	1294—1320年	米海尔九世·帕莱奥洛戈斯（共治皇帝）
	1328—1341年	安德洛尼卡三世·小帕莱奥洛戈斯
	1341—1347年	约翰五世·帕莱奥洛戈斯（第一次统治）
	1341—1347年	约翰六世·坎塔库泽诺斯（共治皇帝）
	1347—1354年	约翰六世·坎塔库泽诺斯
	1354—1376年	约翰五世·帕莱奥洛戈斯（第二次统治）
	1376—1379年	安德洛尼卡四世·帕莱奥洛戈斯
	1379—1390年	约翰五世·帕莱奥洛戈斯（第三次统治）
	1390年	约翰七世·帕莱奥洛戈斯
	1390—1391年	约翰五世·帕莱奥洛戈斯（第四次统治）
	1391—1425年	曼努埃尔二世·帕莱奥洛戈斯
	1425—1448年	约翰八世·帕莱奥洛戈斯
	1449—1453年	君士坦丁十一世·帕莱奥洛戈斯

---

[33] 此处法文为 Parapinakès，英文为 Parapinakes，意为少四分之一，转义为"贬值者"。——译者注

图书在版编目（CIP）数据

拜占庭的辉煌 / 美国国家地理学会编著；程水英译. -- 北京：现代出版社，2023.8
（美国国家地理全球史）

ISBN 978-7-5231-0248-0

Ⅰ.①拜… Ⅱ.①美… ②程… Ⅲ.①拜占庭帝国 - 历史 Ⅳ.①K134

中国国家版本馆CIP数据核字（2023）第105965号

版权登记号：01-2021-1395

© RBA Coleccionables, S. A. 2018

© Of this edition: Modern Press Co., Ltd.2023

NATIONAL GEOGRAPHIC及黄框标识，是美国国家地理学会官方商标，未经授权不得使用。

由北京久久梦城文化发展有限公司代理引进

拜占庭的辉煌（美国国家地理全球史）

编 著 者：美国国家地理学会
译　　者：程水英
策划编辑：吴良柱
责任编辑：窦艳秋　袁子茵
内文排版：北京锦创佳业文化传播有限公司
出版发行：现代出版社
通信地址：北京市安定门外安华里504号
邮政编码：100011
电　　话：010-64267325　64245264（兼传真）
网　　址：www.1980xd.com
印　　刷：固安兰星球彩色印刷有限公司

开　　本：710mm*1000mm 1/16
印　　张：14.5　　　　字　　数：230千
版　　次：2023年8月第1版　印　　次：2023年8月第1次印刷
书　　号：ISBN 978-7-5231-0248-0
定　　价：88.00元